전쟁 그리고 패션
샤넬을 입은 장군들

전쟁 그리고 패션

샤넬을 입은 장군들

· 남보람 지음 ·

와이즈플랜

들어가며

　전쟁은 일상의 감각을 송두리째 뒤집는다. 상상해보지 않았던 사건이 벌어지고 상상 속에서만 가능했던 일들이 현실에 구현된다. 그것은 코페르니쿠스적 변화라 부르든 '충격과 공포 Shock and Owe'라 부르든 결국 세상이 뒤집어지는 일이다. 전쟁은 낯익은 것을 낯설게 하고 낯선 것을 낯익게 만든다.

　야간에 사격을 할 때는 표적을 바로 보는 것이 아니라 그 주변으로 시선을 비껴야 한다. 이것을 군대에선 '주변시周邊視'라 한다. 전쟁을 연구한다고 전쟁에서 일어난 주요 작전만 쫓다보면 오히려 전쟁을 제대로 보지 못한다. 전쟁을 연구하다보면 주변부의 사건으로부터 더 큰 영감을 받거나 그것이 계기가 되어 본질에 관해 더 깊이 접근하게 되는 경우가 있다.

　전쟁에서 누가 이겼느냐를 묻는 것은 샌프란시스코 지진에서 승자가 누구냐를 묻는 것과 같다고 한다. 사람들은 여전히 전쟁의 승패, 원인, 결과 같은 명확한 것에 관심을 갖는다. 그러나 명확한 것을 안다고 전쟁에서 이길 수 있거나 예방할 수 있는 것은 아니다.

　전쟁은 한 세대의 인식에 큰 영향을 미치고 그러한 변화는 현실에 반영된다.

그 역도 성립한다. 전쟁을 통해 변화한 패션의 트랜드가 다시 군 복제에 영향을 미친다. 패션으로부터 얻은 영감이 전쟁에 직접 반영되는 일도 있다. 2003년 이라크 침공 당시의 일이다. '안정화 작전Stabilization Operation' 계획을 작성하던 미군 참모진은 벽에 부딪혔다. "이라크 주민들의 마음을 얻어 우군으로 만들라"는 직진 목표 때문이었다. 그늘은 적군의 마음을 파괴하는 전문가였지만, 대중의 마음을 얻는 방법은 몰랐다. 그래서 어떻게 했을까. 세계적으로 유명한 명품 브랜드의 패션 디자이너를 막사에 초빙했다. 패션 디자이너가 군대의 작전 계획 작성에 참가한 최초의 일일 것이다. 이런 파격적인 아이디어에 힘입어 미군은 이라크 주민의 마음에 좀 더 수월하게 다가갈 수 있었다.

   전쟁을 연구하다보면 생각이든 자료든 중심부 약간 바깥의 것들이 쌓인다. 전쟁과 패션에 대해 글을 쓰다보면 나무 구멍이나 땅 속에 묻어둔 도토리를 꺼내는 것 같은 기분이 들곤 했다. 하나둘 꺼낸 도토리로 무엇을 할지 몰랐는데 책으로 만들어주셨다. 와이즈플랜 출판사에 감사드린다.

차례

들어가며	4
카디건 Cardigan	9
사이렌 슈트 Siren Suits	20
트렌치코트 Trench Coat	31
바머 재킷 Bomber Jackets	39
세일러복 Sailor Suits	51
피코트 Pea Coat	62
더플코트 Duffle Coat	71
래글런 코트 Raglan Coat	80
프록코트 Frock Coat	90
돌먼 소매 Dolman Sleeve	100
텔냐쉬카와 마리니에르 Telnyashka & Marinière	112
조드퍼즈 Jodhpurs	123

치노 팬츠 Chino Pants	133
카고 팬츠 Cargo Pants	141
벨보텀스 Bell-Bottoms	152
웰링턴 부츠 Wellington Boots	164
카키 Khakis	174
베레모 Beret	185
레이-밴 Ray-Ban	194
빨간 마후라의 유래는?	203
넥타이 Necktie	210
손목시계 Wristwatch	224
륙색과 백팩 Rucksack & Backpack	232
사진 출처	250

1

카디건
Cardigan

가디건? 카디건?

우리가 '가디건'이라고 부르는 옷이 있다. 남녀노소 즐겨 입는 보온복이다. 중앙 냉방 시스템이 있는 학교나 직장의 의자에는 으레 이런 종류의 옷이 한두 벌 쯤 걸려있다. 그런데 이 '가디건'은 잘못된 표기다. '카디건cardigan'이 맞다. 우리말에 격음(ㅋ, ㅌ)으로 시작되는 외래어 발음 표기가 평음(ㄱ, ㄷ)으로 바뀌는 사례가 종종 있다. 카디건이 가디건으로, 텀블링tumbling이 덤블링으로 굳은 것이 대표적이다.

카디건은 분류상 스웨터의 일종으로 정식 명칭은 카디건 스웨터다. 스웨터는 1882년 처음 영어 사전에 등장하는데 그 뜻은 '조정漕艇을 할 때 보온을 위해 입는 실로 뜬 상의'로 되어 있다. 처음의 형태는 풀오버pullover 스웨터라고 부르는, 통으로 짠 것이었다. 앞을 터서 입고 벗기 쉽게 만든 카디건 스웨터는 이보다 나중에 등장해서 1925년부터 각광받는 패션 아이템이 되었다.

군대에도 보급되는 카디건

카디건은 군대에도 정식으로 보급되고 있다. 사무실에 근무하는 정책 부서 간부들의 애용품이다. 한국 육군에도 몇 년 전부터 보급되어 실내 근무를 할 때 입을 수 있다. 카디건이 처음 나왔을 때 간부들은 "군대에 카디건도 보급되고 세상 좋아졌다."고 했다. 그러나 알고 있었을까? 이 카디건이 군대에서 처음 고안되었다는 것을?

미 해군에게 보급되는 남녀공용 카디건

호주 육군에 보급되는 개선된 카디건

노블레스 오블리주를 실천한 귀족 출신의 영웅?

카디건의 유래를 알고자 하면 한 귀족의 일생을 참고해야 한다. 바로 카디건 백작Earl of Cardigan 가문의 제임스 브루데넬James Brudenell이다. 그는 19세기 대영제국군의 장교로 중장의 계급까지 올랐다. 카디건 백작 가문의 홈페이지에는 다음과 같은 제임스 브루데넬의 약사가 게재되어 있다.

제임스 브루데넬은 귀족 중에선 드물게 어릴 적부터 군인이 되길 열망했으며, 임관 가능한 연령이 되자 장교로 자원했다. 백작가의 젊은 귀족이 취한 태도는 근대국가의 군대를 지휘하는 장교라기보다는 중세 시대 용병을 고용한 봉건영주에 가까웠다. 그는 가문의 부를 사용하여 화려한 복장과 최고급 장비로 부대를 꾸몄다. 교육 훈련에는 간여하지 않았지만 기사도에 어긋나는 행동을 했다 싶으면 죄를 엄하게 다루었다. 개인적으로는 전장에서도 귀족적인 생활을 유지했다. 이는 다른 귀족 출신의 영국군 장교도 마찬가지였다.

그러다가 1853년 크림 전쟁이 발발했고, 이듬해 제임스 브루데넬의 부대도 전장에 투입됐다. 제임스 브루데넬이 지급한 최고급 장비가 전투에서 큰 역할을 했다. 그리하여 그가 이끄는 기병대는 러시아군을 상대로 목숨을 아끼지 않은 혈전을 벌였으며 귀국한 제임스 브루데넬은 국가적 영웅이 되었다.

제7대 카디건 백작이 된 제임스 브루데넬은, 군을 떠난 뒤에 사냥, 사격, 승마, 조정 등 귀족적 취미를 즐기면서 연회를 베풀었다. 국가적 영웅이면서 사교계의 총아였던 그는 유행을 선도했다. 특히 그는 활동이 편하고 보온성 높은 니트를 고안해 입고 스포츠를 했다. 전장에서부터 입고 다녔다는 이 옷은 큰 유행이 됐다. 이것이 오늘날 모두가 즐겨 입는 카디건의 유래다.

돈과 거짓으로 가짜 영웅이 된 '갑질왕'

영국에서 가장 부유한 가문 중 하나인 카디건 백작가의 상속자, 장교로 자원하여 젊은 날을 전장에서 보낸 애국자, 스포츠를 즐기고 패션을 선도하는 쾌남자. 이것이 당대에 알려진 제7대 카디건 백작, 제임스 브루데넬의 이미지였다.

그러던 어느 날, 영국 타임지가 폭로성 기사를 하나 썼다. 기사는 인터뷰를 인용하여 카디건 백작이 영국제국군의 골칫덩이로 평소에는 부하에게 가혹하게 채찍을 휘두르던 차별주의자였고, 전쟁에서는 부하들을 죽음을 향해 돌진시킨 후 자신은 도망친 비겁자라고 했다. 한마디로 '갑질왕'이었다는 것이다. 그러나 이 기사는 카디건 백작과 그의 팬들에게 영향을 미치지 못했다. 다만 역사, 전쟁사 연구자들은 이러한 사실을 잊지 않고 기록으로 남겨놓았다. 영국군의 역사 혹은 크림 전쟁을 연구한 이들의 저작을 보면 카디건 백작에 대한 일화가 비교적 사실에 가깝게 남아있다. 실제 카디건 백작은 어떤 인물이었을까?

고집불통, 사고뭉치 장교였던 카디건 백작

영국 백작가의 독자로 태어나 집에서 개인교사에게 교육을 받으며 자라난 브루데넬의 꿈은 하나, 장교가 되어 부대를 지휘하는 것이었다. 장교가 된 브루데넬은 한마디로 오만한 고집불통이었는데 이는 당대 귀족의 일반적인 모습이기도 했다.

군에서 브루데넬은 유난히도 일화를 많이 남겼다. 어찌나 어처구니없는 사고를 많이 쳤던지, 어떤 야사野史에는 어린 시절 그가 머리를 다쳐 정상적인 사고를 할 수 없었다고 쓰여 있을 정도다. 브루데넬은 부하를 때려 해임됐다가

제임스 브루데넬. 장교 생활 초기의 모습

지위를 이용하여 다시 복귀했고 부대 이동에 개인용 호화 요트를 이용했으며 전선에서는 불편하다며 숙영지에 머물지 않았다. 그럼에도 그는 큰 처벌을 받지 않고 군 생활을 이어나갔다. 귀족이라서, 돈이 많아서였다. 거기에 어지간한 일에는 충격을 받지 않는 '강한 멘탈'까지 갖추고 있어서 상급자의 주의에도 별 신경을 쓰지 않았던 것으로 보인다.

그나마 그가 잘 한 것이 있다면 부대에 돈을 아끼지 않은 것이다. 이즈음 정식으로 카디건 백작이 된 그는 영국 내에서 손꼽히는 부자가 됐다. 상속받은 재산(요크셔 지방에 있는 석탄 광산 등) 자체가 엄청났고 필요 없는 땅을 정리하면서 거대한 시세 차익을 얻었다. 카디건 백작은 휘하의 장교들에게 호화 군복을 입히고 전 부대원에게 고급 장비를 보급했다. 이 조치는 영국제국군의 전투력 향상에 다소나마, 그리고 의도치 않게 좋은 영향을 미쳤다. 화려한 군복과 비싼 무기로 무장한 카디건 백작의 부대를 본 다른 지휘관들도 능력 범위 내에서 조치를 취하지 않을 수 없었다. 귀족의 자존심 때문이었다. (당시 영국제국군은 군복을 지급받는 것이 아니라 스스로 구입해 입었다. 귀족 출신의 지휘관이 가문의 재산으로 군복과 장비를 구입하여 나눠주는 경우도 있긴 했지만, 카디건 백작처럼 초호화 군복과 장비를 지급하지는 않았다.)

크림 전쟁의 발발과 '발라클라바 계곡 전투'

1853년 크림 전쟁(~1856)이 발발했다. 나폴레옹 전쟁 이후 비약적 발전을 거듭한 각국의 근대식 군대가 처음 격돌했다. 유럽으로의 서진西進을 꿈꾸던 러시아와, 새로운 패권의 등장을 허락할 생각이 없던 영국은 러시아 세바스토폴에서 격전을 치렀다. 여기에 카디건 백작의 부대, 영국 제11경기병여단이 참전하게 됐다. 1715년에 창설된 전통 있는 부대인 제11경기병여단은 하급 간부들에 의해 상명하복의 규율이 유지되고 있었다.

마침내 영국 제11기병여단이 첫 전투에 투입됐을 때, 가장 특징적인 것은 지휘관의 지휘 스타일이었다. 그는 무모하고 무관심했다. 카디건 백작이 상급 부대로부터 받은 첫 번째 명령은 발라클라바 Balaclava 계곡을 점령하라는 것이었다. 그는 명령 받은 대로 적이 있는 곳을 향해 부대를 전진시켰다. 계곡으로 기병이 전진하는 것은 자살 공격이나 마찬가지였다. 결국 전체 병력 674명 중 삼분의 이가 죽거나 다쳤다. 카디건 백작의 부대는 목표를 점령했으나 러시아군은 큰 피해를 입지 않고 그 뒤쪽에 있는 더 유리한 지역을 점령했다.

영웅의 화려한 복귀

크림 전쟁에 함께 참전했던 부하들은 카디건 백작을 비난했다. 부대가 가장 위험한 순간에 백작을 볼 수 없었다고 주장했다. 그 말대로 카디건 백작은 상처 하나 입지 않았다. 그래서 어떤 이들은 그가 도망쳤다고 이의를 제기했다. 그러나 그는 이런 비난에 아랑곳하지 않았고 설상가상으로 발라클라바 계곡 전투 이후에는 아예 모습을 감췄다. 그러다가 1854년 말 건강을 이유로 본토

발라클라바 전투가 끝나고 살아남은 간부들의 기록사진

로 귀국했다. 백작의 지위를 이용하여 어떤 처벌도 받지 않았다.

본토에 도착한 카디건 백작을 맞이한 것은 열광적인 언론과 대중의 환영이었다. 크림 전쟁에 대한 유럽의 관심은 높았으며 특히 카디건 백작의 발라클라바 계곡 전투는 영국제국군의 용맹을 홍보하기에 더할 나위 없는 소재였다. 카디건 백작은 노블리스 오블리주의 상징처럼 소개됐다. 윈저궁에 초대되어 여왕의 격려를 받기도 했다.

카디건 백작은 각종 연회에서 과장된 무용담을 늘어놓았다. 장병들과 함께 동고동락했으며 최전선에서 러시아군의 포화를 뚫고 적을 추격했다고 말하고 다녔다. 제11경기병여단과 카디건 백작을 위한 헌시가 지어지고("아직 살아있는 부대여 전진하라, 전진하라, 전진하라. 남아있는 6백의 말이 쓰러질 때까지 죽음의 계곡을 향해") 영국 최고의 명예인 가터 훈장 Order of the Garter 을 수여하자는 얘기까지 나왔다.

카디건 백작은 오늘날의 연예인과 같은 인기를 얻었다. 상인들은 돈 냄새를 기가 막히게 잘 맡았다. 시내에서는 카디건 백작의 초상화가 상품으로 나왔다. 그의 일생, 영웅담이 적힌 얇은 팸플릿 형식의 인쇄물도 팔렸다. 그는 사교계의 총아가 되어 유행을 선도했다. 카디건 백작은 귀족적 취미인 승마, 사냥, 사격, 조정을 즐겼고 많은 이들이 여기에 몰렸다. 여기에서 바로 '카디건 스웨터'가 등장한다.

'카디건 백작의 보온복', 카디건

카디건 백작은 종종 손으로 뜬 겉옷을 입고 외출을 했다. 손뜨개질로 뜬 니트는 디자인과 컬러가 단순했고 보온이 목적인 스웨터였기 때문에 고급의 울 소재를 썼다. 승마, 사냥, 사격, 조정 등 어느 때에 입어도 어울렸고 기능성도 좋았다. 카디건 백작의 인기, 귀족 스포츠의 고급 이미지, 새로운 디자인이 합

1947년과 2017년의 카디건

처지자 카디건 백작의 스웨터는 상당히 매력적인 아이템이 됐다. 여기에 카디건 백작은 자신의 스토리를 가미했다. 제11기병여단 시절, 전선의 추위를 이기기 위해 이 옷을 고안해 입기 시작했는데, 전투가 벌어지면 언제라도 군복으로 갈아입기 위해 앞섶을 만들고 단추를 달게 된 것이라고 말이다. 물론 신빙성이 없는 스토리였으나 대중은 흠뻑 빠져들었다.

그리하여 '카디건 백작의 보온복 Earl of Cardigan's Sweater'으로 시장에 소개된 이 옷은 가정에 하나씩은 다 있는 히트상품이 됐다. 명칭은 간소해져서 '카디건'이 됐다. 여기까지가 카디건 탄생의 비화다.

카디건, 그 이후

카디건의 인기 놀음은 오래가지 못할 것 같았다. 카디건과 함께 전장에 있던 부하들이 귀국하면서 카디건의 거짓을 연달아 폭로했기 때문이다. 그러나 카디건의 인기와 명성은 변함이 없었다. 지금처럼 방송이나 인터넷처럼 즉각적이고 파급력 있는 매체가 없었기 때문이다. 게다가 카디건은 사실을 가릴 정도의 권력과 돈이 있었다.

카디건은 특유의 무모함과 오만함으로 1855년, 자신을 전쟁 영웅으로 미화한 책까지 냈다. 1860년에는 중장의 계급까지 진급했으며 1861년에는 왕위 계승식의 수행자로 선택되는 영광까지 누렸다. 그는 마치 영화 《바람과 함께 사라지다》의 대사처럼 행동했다. "솔직히 말이지, 난 아무것도 상관하지 않아, 젠장.(Frankly, my dear, I don't give a damn.)"

진실은 종종 역사 앞에 스스로를 드러낸다. 언론인, 역사학자, 전쟁사학자들은 카디건 백작의 실체를 기록으로 남겼다. 오늘날 카디건 백작가의 홈페이지는 여전히 진실을 숨긴 채 제7대 카디건 백작, 제임스 브루데넬을 칭송하고 있다. 그러나 인사이클로피디아 영국판은 카디건 백작과 발라클라바 전투를 사실대로 기록하고 있다. 카디건 백작은 약한 자에게 무자비했고 위험 앞에서 도망쳤다. 진실을 숨긴 채 가짜 인기와 상속받은 재산으로 귀족적 취미를 즐기며 여생을 보냈다. 카디건을 입은 채 말이다.

"Frankly, my dear, I don't give a damn" 대사의 주인공 클라크 게이블이 카디건을 입은 모습

2

사이렌 슈트
Siren Suits

《킹스맨》에서 요원 후보생들이 입었던 바로 그 옷!

이번 소재는 영화 《킹스맨》에서 요원 후보생들이 훈련받을 때 입고 있는 바로 그 옷! 사이렌 슈트 siren suits 다. 우리말로 번역하면 '공습 대피복'이 되겠다.

영화 《킹스맨》의 한 장면

실제 이 옷이 유행하기 시작한 것은 제2차 세계대전 당시로 복장의 목적은 공습 대피를 위한 것이었다. 상·하의를 통으로 붙여 만든 이 옷은 갑자기 공습을 받아 대피 장소로 신속히 이동할 때 입기 위한 것이었다. 갈아입든 입고 있는 옷 위에 덧입든 빠르고 편했으며 보온성도 뛰어났다. 지하에 있는 공습 대피 장소의 특성을 생각할 때 이 보온성은 생존과도 연관 있는 것이었다.

처음 시작은 노동자들이 입는 작업복인 보일러 슈트

원래 이 옷은 공장이나 건설 현장 등에서 일하는 노동자들이 작업복으로 입던 것이었다. 기름이나 흙이 맨살이나 속에 받쳐 입은 옷에 튀어 오염되지 않도록 하는 덧옷이었다. 처음 명칭은 보일러 슈트 boiler suit였는데 말 그대로 보일러공들이 입는 옷이라는 뜻이었다. 보일러 슈트는 배관과 그을음, 흙먼지 속에서 일해야 하는 보일러공들에게는 안성맞춤의 복장이었다.

보일러 슈트는 영국 수상 윈스턴 처칠 Winston Churchill이 입고 다니면서부터 조금씩 유명해졌다. 노동 계층의 표를 얻어야 하는 보수당의 정치인으로서 친서민 이미지를 강조하기 위한 선택이었다. 그는 보일러 슈트를 입고 휴가를 보내거나 저택에서 외국 주요 인사를 만나는 장면을 언론에 노출시켰다. 이미지로 먹고 사는 것이 정치인이니 가타부타 탓할 일은 아니었는데, 어쨌든 보일러 슈트로 대중에게 다가가고자 한 처칠의 선택은 성공했다. 대중들에게 친숙하고도 강렬한 이미지를 심는 데 성공했기 때문이다.

제2차 세계대전의 발발과 처칠의 사이렌 슈트

그러던 중 제2차 세계대전이 발발했다. 처칠은 보일러 슈트를 전시 유니폼

사이렌 슈트를 입은 채 연합군사령관 아이젠하워 장군을 만나고 있는 처칠(상)
사이렌 슈트를 입고 대국민 라디오 연설을 하는 모습(하)

삼아 입기로 했다. 오늘날 한국 관료들이 전시 훈련 등을 할 때 통일하여 노란색 민방위복을 입는 것처럼 말이다. 처칠은 내각회의, 언론 성명 발표 등에 보일러 슈트를 입고 나왔으며 누가 물어보면 "나는 공습경보가 울리면 이것을 덧입는데 편하고 실용적"이라고 말했다. 보일러 슈트가 공습 사이렌의 이미지와 연계되면서 대중들은 이 옷을 '사이렌 슈트'라고 부르기 시작했다.

군부대와 도심을 가리지 않는 공습은 제2차 세계대전의 상징적인 전쟁 양상이었다. 영국인들은 전쟁 기간 내내 자신의 집 마당에 마련한 가정용 대피소나 마을 공공 대피소를 들락날락해야 했다. 공습이 없을 때는 공습 대피 훈련을 했다. 앞에서도 설명했듯이 사이렌 슈트는 유용했다. 땅을 파서 만든 지하의 대피소가 안방처럼 깨끗할 리 없고 그 시절에 포장도 되지 않은 흙길을 지나 오르락내리락하면 흙먼지도 많았을 것이다. 사이렌 슈트 같은 덧옷을 입지 않으면 옷이 온통 더러워졌을 것이 뻔하다.

사이렌 슈트는 여성들에게 특히 환영받았다. 아마 처칠 자신도 이런 결과를 예상치는 못했을 것이다. 사이렌 슈트가 전쟁기 영국 여성들의 인기 품목이 된 이유는 세 가지다. 첫째, 공습 대피(훈련) 때 치마를 입은 채 달리고 오르내리는 불편함을 없애주었다. 단추로 잠그고 끈으로 묶고 레이스를 두른 여성의 옷은 입고 벗는 데 많은 시간이 소요됐다. 그러나 사이렌 슈트 하나면 모든 문제가 해결됐다. 둘째, 사이렌 슈트를 입으면 맨다리를 드러내고 밖을 다니지 않을 수 있었다. 전시 긴축정책으로 영국 정부는 민간물자 소비를 제한했는데 스타킹도 여기에 포함됐다. 당시만 해도 맨다리를 드러내는 것은 미풍에 반했다. 여성용 바지는 훨씬 뒤의 일이었다. 남은 선택지는 사이렌 슈트였다. 셋째, 여성들은 이런 디자인의 복장에 원래 익숙했다. 원지onesie라고 부르는 유아복이 그것이다.

1942년 미국 의류회사의 사이렌 슈트 광고 전단(상)
아기들이 입는 유아복, 원지(하)

품질 좋고 세련된 사이렌 슈트

위아래 한 벌의 사이렌 슈트는 영국 수상 처칠을 통해 유럽에 널리 퍼졌다. 처칠은 여러 벌의 사이렌 슈트를 갖고 있었는데 그중에서도 벨벳 재질의 녹색, 세로줄 무늬가 들어간 면 재질의 회색, 화려한 벨벳으로 된 와인색이 그의 시그니처였다. 모두 개인 재단사가 만든 고급의 맞춤복으로, 처칠은 세계 각국 정상과 만나거나 집무실에서 대국민 담화를 발표할 때 이 옷을 입었다.

사이렌 슈트가 공습 대피복으로 유행하면서 이 옷은 다우닝가 10번지를 넘어 영국 전역의 가정으로 들어갔다. 유년 시절 제2차 세계대전을 경험한 영국인의 회고록에는 자다 말고 사이렌 슈트만을 챙긴 채 집을 나와 방공호로 향하는 장면이 많이 등장한다. 가정용 사이렌 슈트는 처칠의 것과는 다른 의미에서 고급이었다. 가족의 안전에 직결된 것이었으므로 보온성 높은 튼튼한 재질의 천을 골라 꼼꼼히 바느질해서 만들었다.

이렇게 영국 노동자들이 입는 작업복 보일러 슈트는 처칠과 영국 가정을 거치면서 세련된 고급 맞춤복, 품질 좋은 가정복의 이미지를 가진 사이렌 슈트가 됐다.

자신의 시그니처 복장 중 하나인 세로 줄무늬 회색 사이렌 슈트를 입고 있는 처칠(좌)
처칠의 상징적인 이미지인 사이렌 슈트, 시가, 애견(우)

미 공정부대와 점프 슈트

사이렌 슈트와 유사한 복장이 동시대 미국에서도 유행했다. 그런데 전체적인 콘셉트, 외형이 같음에도 불구하고 미국인들은 이 옷을 사이렌 슈트라고 부르지 않는다. 점프 슈트jump suit, 커버올coverall 혹은 이 둘을 합쳐 커버올 점프 슈트라고 한다. 사실 사이렌 슈트에 대한 당대 미국인들의 반응은 비웃음에 가까웠다. 처칠이 화려한 벨벳으로 된 와인색 사이렌 슈트를 입고 방송 언론에 나오면 미국인들은 '대용량 와인병 rotund wine' 같다고 했다.

영국 사이렌 슈트의 시발점이 노동자라면 미국 점프 슈트의 그것은 군인이었다. 점프 슈트는 원래 미 공정부대의 전투복 명칭이었다. 공정부대는 항공기를 통해 공중에서 지상으로 낙하(점프)하여 중요 목표를 신속히 점령하거나 적 후방에서 특수 임무를 수행한다. 이런 유의 임무 수행에 필요한 기능을 갖춘 전투복으로 개발된 것이 점프 슈트였다. 가장 잘 알려진 것이 'M1942'(모델명) 점프 슈트다.

영화 《라이언 일병 구하기》의 한 장면. 이들이 입고 있는 것이 공정부대 점프 슈트의 초기 형태였다.

그런데 M1942 점프 슈트는 위아래 한 벌이 아니었다. 상, 하의가 분리된 전투복이었다. 사이렌 슈트와도 다르고 오늘날 우리가 알고 있는 점프 슈트와도 완전히 달랐다. 보온을 위해 상의는 허벅지까지 길게 내려왔고 특수 임무 수행에 필요한 다양한 장비, 물자를 휴대할 수 있게 다양한 주머니를 배치했으며 관절이 있는 각 부위에는 여러 개의 조임끈을 달아 낙하와 은밀 침투시 옷이 펄럭이거나 걸리지 않게 했다. 하의에도 같은 기능을 추가했다. 그렇다면 '위아래 한 벌에 장식이 적고 사이렌 슈트와 외견상 별 차이 없는' 미국식 점프 슈트는 어디서 온 것일까?

제2차 세계대전 당시 M1942 점프 슈트를 입고 있는 공정부대원들(상)
제2차 세계대전 당시 유럽총사령관 아이젠하워 장군과 공정부대원들. 점프 슈트를 입고 있다.(하)

개량형 오버올 overall 점프 슈트

1942~1943년 미군은 전투 현장의 의견을 반영하여 점프 슈트를 개량했다. 주머니를 입체적으로 디자인하여 수납공간을 늘리고 각도를 조정하여 쉽게 물건을 넣고 뺄 수 있게 했다. 또 여러 판의 원단을 재봉하는 방식을 적용하여 신체 각 부위의 다양한 움직임을 지원할 수 있었다.

개발 과정에서 여러 시안이 나왔는데 그중 하나가 상·하의를 하나로 붙여 만든 일명 커버올 점프 슈트였다. 공중강하, 야지 숙영, 생존 및 탈출과 같은 공정부대의 작전 환경을 생각해 볼 때 이는 충분히 선택 가능한 옵션이었다. 그러나 현장의 군인들은 커버올 방식의 전투복이 불편하다는 의견을 내놓았다. 통으로 된 옷이다 보니 급하게 움직일 때 몸이 낀다고 했다. 무엇보다 용변을 보려면 입고 걸쳤던 것을 모두 벗어 놓아야 하는 불편함이 있었다. 그래서 이전처럼 상·하의가 구분된 모델이 최종적으로 선택됐다.

상·하의를 붙여서 만든 점프 슈트 초기 모델

비록 공정부대의 최종선택을 받지는 못했지만 커버올 점프 슈트는 그냥 폐기되지 않았다. 전차부대, 정비부대의 전투복, 정비복으로 개선되어 보급됐다. 커버올 점프 슈트의 디자인은 공정부대를 위해 만들었던 점프 슈트와는 달라졌다. 작업자들이 입는 보일러 슈트와 가까운 것이 됐다. 물론 점프 슈트 고유의 장점은 그대로 남았다. 이것저것 넣기 좋은 다양한 주머니 배치, 눕고 쭈그려도 불편하지 않은 인체공학적 디자인, 긁히고 걸려도 잘 상하지 않는 튼튼한 재질은 정비병들의 사랑을 받았다.

커버올 점프 슈트와 미국 여성

한편, 제2차 세계대전 당시 미국에서는 수많은 여성들이 군수공장에서 일하며 전쟁에 기여했다. 이들에게 작업복으로 보급된 것이 튼튼하고 안전한 커버올 점프 슈트였다. 당시 미국 국내에서는 전시 물자 통제에 의해 여성들의 복장을 통제했는데 비싼 원단이나 화려한 디자인은 금지됐다. 넓은 소매나 나풀거리는 단 처리도 허용되지 않았다. 때문에 공장에서 일하는 여성들은 차라리 작업복을 입고 출퇴근했고 일상에서도 커버올 점프 슈트를 입곤 했다. 여성 노동자용 커버올 점프 슈트는 애국, 일하는 여성, 독립적인 여성, 내면의 강인함, 당당함 등의 이미지를 가진 1940년대의 상징이 됐다.

패션 업계는 이를 놓치지 않고 상품화했다. 패션 디자이너들은 복장 통제 지침의 범위 안에서 디자인, 색상 등에 변화를 준 새로운 커버올 점프 슈트를 만들어 내놓기 시작했는데 그 반응은 폭발적이었다. 세련된 커버올 점프 슈트를 입고 출퇴근하는 여성의 모습이 방송 언론에 자주 등장했고, 유명 디자이너, 배우, 모델들은 커버올 점프 슈트의 유행을 지속적으로 재생산했다.

전시 복장 통제 지침의 한 예(상)
제2차 세계대전 당시 판매되던 여성용 커버올 점프 슈트(하)

3

트렌치코트
Trench Coat

버버리사의 타이로켄

유명 패션 브랜드 버버리Burberry의 타이로켄Tielocken은 트렌치코트류의 대명사로 알려져 있다. 우리나라에서는 흔히 '바바리코트'라고 부르는데 일본에서 바바리バーバリー라 하던 것을 그대로 가져온 것이다.

타이로켄은 원래 영국군 장교용 외투였다. 1870년대에 버버리는 개버딘 gabardine 소재로 질기고 가벼우면서 방수까지 되는 외투를 개발했고, 대영제국 전쟁부와 계약하여 1900년대 초반부터 영국군에 독점 납품했다.

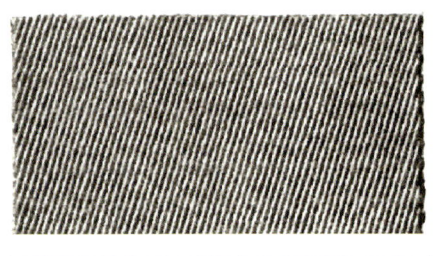

개버딘 직물의 이미지. 양모로 만든 실을 그림에서처럼 사선의 형태가 되도록 직조한 것이다. 신축성이 뛰어나고 구김이 적으며 자체적으로 방수의 효과를 낸다.

제1차 세계대전의 발발과 타이로켄의 순항

타이로켄의 기능성은 곧장 시험대에 올랐다. 판매와 동시에 제1차 세계대전이 발발했기 때문이다. (당시 영국군 장교는 전쟁부와 계약한 업체의 복장을 개인이 구매하여 입었다.) 결과는 합격이었다. 타이로켄은 다습한 우기와 칼바람 부는 겨울이 교차하는 유럽 전장 환경을 견뎌내기에 유용했다. 기존에 보급되었던 방수용 왁스나 고무 입힌 우의보다 훨씬 편리했다. 왁스처럼 여기저기 묻지 않았고 지독한 고무냄새도 없었다.

특히 패션 브랜드 버버리의 디자인도 장교들의 마음에 쏙 들었다. 군복이지만 나름의 멋을 살린 모양새였다. 그러나 타이로켄의 기본색인 카키(국방색)에서 호불호가 갈렸다. 진흙탕에 빠진 것 같다고 싫어하는 사람들이 꽤 있었다. 화려한 삼색의 제복에 익숙한 영국군 장교들은 더 그랬다. 그러나 전쟁이 시작되자 색에 대한 논란은 쑥 들어갔다. 카키색이 상대적으로 때나 먼지를 덜 타면서 무엇보다, 유럽의 평원과 유사한 보호색을 제공했기 때문이다.

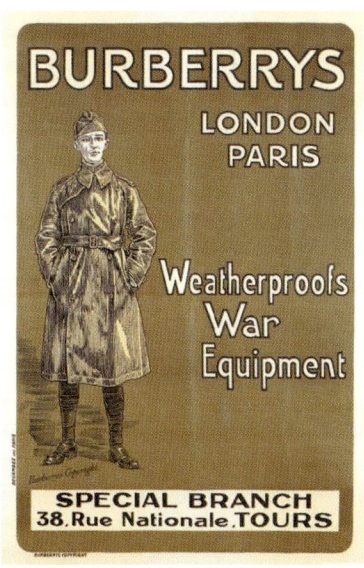

제1차 세계대전 초기 '버버리 방수외투' 광고 팸플릿

전장의 만능열쇠, 타이로켄

전쟁이 길어지면서 타이로켄의 진가는 점점 더 빛을 발했다. 다음은 타이로켄의 전장 기능성을 간단히 정리한 것이다.

- 목부터 무릎 아래까지 내려와 비바람을 효과적으로 막아주었다.
- 총과 장비를 몸에 메고 두른 채로 그대로 입고 걸칠 수도 있었다.
- 능직綾織의 특성상 부드럽고 신축성이 있어 접으면 군장에 쉽게 들어갔다.
- 옷 바깥에 달린 큰 주머니와 코트 안주머니에 지도와 명령서 등을 쉽게 수납할 수 있었다.
- 중상자를 옮기기 위한 임시 들것을 만들기에도 안성맞춤이었다.

타이로켄을 입은 영국군 장교들

타이로켄에서 트렌치코트로

제1차 세계대전은 전에 없이 지독한 진지전이었다. 몇 날 며칠, 길게는 수 개월을 반은 흙이고 반은 물인 진지, 참호에서 지내야할 때도 있었다. 공격이나 이동의 와중에 직격을 피할 구덩이 하나만 파놓고 선잠을 자야할 때도 많았다. 이럴 때 타이로켄은 겉에 입고 걸칠 그 모든 것이었다. 이때부터 버버리사가 만들고 공급한 이 전투용 외투는 타이로켄이라는 상품명보다 별칭인 '트렌치 trench ; 참호 코트'로 더 많이 불리기 시작했다.

타이로켄이 참호전 trench warfare 으로 점철된 제1차 세계대전에서 트렌치코트라는 명칭을 얻은 어찌 보면 당연했다. 아마 '세계대전 코트 World War Coat'라 불렀다 해도 이의는 없었을 것이다.

실제 제1차 세계대전 당시 참호에서 보초를 서고 있는 영국군 병사의 모습. 이런 환경 속에서 트렌치 코트는 매우 유용했다.

트렌치코트, 세상으로 나가다

전쟁 막바지였던 1917년을 전후로 트렌치코트는 일반 대중들에게 소개되어 인기를 얻기 시작했다. 트렌치코트를 제1차 세계대전의 현상으로 소개한 스미소니언 박물관은 이것이 애국심의 발로, 전선에 대한 일체감의 표현이었다고 설명하고 있다. (《WORLD WAR I: 100 YEARS LATER, The Classy Rise of the Trench Coat》)

그러나 가장 현실적인 인기 이유는 역시나 기능성이었다. 비바람을 막아주는 오버코트로 트렌치코트만한 것이 없었다. 날씨 변덕이 심하고 실내에선 꼭 겉옷을 벗는 유럽에서는 트렌치코트가 매우 편리했다. 단추 대신 벨트로 손쉽게 앞을 여밀 수 있었기 때문이다.

타이로켄 광고 홍보물들

'영국군 장교의 제식복장'이라는 상징성도 인기에 한몫을 했다. 트렌치코트는 특허품(버버리 소재, 디자인)이고 독점품(대영제국 전쟁부, 장교)이었다. 돈이 있어도 사 입을 수 없고, 살 수 있다고 아무나 입을 수 없는 옷의 이미지가 구축되어 있었다. 한마디로 당대 '잇 아이템 It Item'이었던 셈이다.

초기 형태의 버버리 타이로켄 중 하나

현재까지도 남아있는 군용 제식의 흔적들

트렌치코트를 잘 살펴보면 오늘날까지도 제1차 세계대전 당시의 기능성 디자인이 온존되어 있는 것을 알 수 있다.

- 트렌치코트 어깨 위 끈은 어깨 계급장(견장)과 병과의 상징표시(견식)를 달기 위한 용도였다.
- 옷의 전, 측, 후면 등에 달려있는 D 모양의 고리는 요대, 총기 고리 등을 고정하기 위한 것이었다.
- 탈착식 이중 날개(윙)는 비가 많은 유럽 전장의 특성에 맞춘 보완이었다.
- 무릎 아래에서 정강이까지 길이가 내려온 것은 혹한의 칼바람을 견디기 위한 것이었다.
- 소매의 버튼을 벨트형으로 교체한 것은 한 손으로 쉽게 조이고 풀기 위해서였는데, 이는 총상 등을 입었을 때 지혈을 위한 끈으로도 유용하게 썼다.
- 허리끈만으로는 벌어지는 앞섶을 충분히 여밀 수 없어 나중에 단추를 추가했는데, 2중으로 세워 단 것은 품 조절을 위해서였다.

등쪽에 달린 D 모양의 고리

패션을 넘어 문화 아이콘으로

트렌치코트는 기품 있는 봄가을 외투, 점잖은 자리에 차려 입고 가는 외출복으로 대중의 사랑을 받고 있다. 그뿐만이 아니다. 제1차 세계대전의 독특한 현상이었던 트렌치코트는 전쟁과 평화의 시기를 겪으며 시대를 초월한 문화 아이콘으로 자리 잡았다. 한 벌의 외투 속에 이렇게 애국, 참전, 전사, 생존, 자유, 평화와 같은 거대한 이미지가 담기는 일은 다시 일어나기 어려울 지도 모르겠다.

"세상의 모든 사람들은 트렌치코트가 하나 있어야 한다. 그리고 이 세상 사람들이 모두 하나씩 입을 만큼 트렌치코트가 있어야 한다. 트렌치코트는 나이에 상관없이 입을 수 있는 옷이기 때문이다. 또한 트렌치코트는 남자든 여자든 상관없이 입을 수 있다."

— 안젤라 아렌츠. 전 버버리 CEO, 애플 시장총괄 사장

1942년 개봉. 1944년 제16회 아카데미 최우수 작품상을 수상한 영화 《카사블랑카》에서 주인공 험프리 보가트는 시종일관 트렌치코트를 입고 있었다. 사진은 영화 《카사블랑카》의 한 장면. 가운데 중절모에 트렌치코트를 입고 있는 이가 험프리 보가트이다.

4

바머 재킷
Bomber Jackets

항공 잠바? 바머 재킷?

우리 육군에 '항공 잠바'라고 부르는 옷이 있었다. 방풍과 보온 기능이 강조된 겨울용 군용 상의이다. 2000년대 초반까지 군 간부들에게만 보급되던 것인데 지금은 사라졌다.

활동성과 보온성이 우수한 항공 잠바는 민간인들에게도 인기가 높았다. 겨울 야외 작업에 적합하여 장시간 밖에서 일하는 시장 상인, 거리 노점상, 배달부, 트럭 운전기사들이 즐겨 입었다. 일반인들이 입고 다니는 항공 잠바는 남대문 구제 시장에 나온 중고이거나 전역한 간부들에게서 얻은 것이 대부분이었다. 그러는 와중에 시중에는 판매를 목적으로 싼 값에 만든 짝퉁도 돌아다녔는데 품질이나 기능이나 모두 저급했다. 그래서 우리가 '항공 잠바' 하면 갖고 있는 이미지는 대략 다음 페이지의 사진 정도다.

영화 《테러리스트》 중의 한 장면. 허준호가 입고 있는 것도 항공 잠바의 한 종류다.

항공 잠바는 해외에도 있다. '해외에도 있다'가 아니라 '해외에서 들어왔다'가 맞는 표현일 것이다. 원래 이름은 바머 재킷 bomber Jacket 혹은 플라이트 재킷 flight jacket 이다. 우리말로 하자면 전자는 폭격(조종사) 재킷이고 후자는 비행(사) 재킷 정도가 될 터인데, 자료 조사를 하면서 아무리 유추해 봐도 우리가 '항공 잠바'로 부르게 된 유래를 알 수 없었다. 그래서 혹시나 하고 일본 자위대 군사용어사전을 찾아봤는데 역시나였다. 일본의 '코쿠 잠바 航空ジャンパー'에서 그대로 따온 것이다.

어쨌든, 해외의 항공 잠바 즉 바머 재킷의 이미지는 우리나라의 그것과는 다르다. 신경을 안 쓴 듯 쓴 듯한 코디, 절제미, 중성미 같은 이미지를 갖고 있어 멋쟁이들이 즐겨 입는 아이템이다(다음 사진들 참조).

패션 전문 업체에서 판매 중인 항공 잠바

다양한 디자인의 항공 잠바를 즐겨 입는 해외의 연예인들

제1차 세계대전과 바머 재킷

항공기가 처음 전쟁에 운용되기 시작한 건 제1차 세계대전이었다. 당시 항공기는 대부분 조종석이 개방된 형태였다. 따라서 고공에서 작전을 수행하는 조종사들에게는 특별한 방한 대책이 필요했다. 막 걸음마를 떼기 시작한 공군은 독자적인 지휘구조나 작전지원 체계를 갖추지 못한 상태였다. 따라서 조종사들은 운항에 방해되지 않는 범위 내에서 취향에 맞게 따뜻한 옷을 주문 제작해 입었다.

그러던 중 1917년 미군은 조종사를 위한 별도의 복장을 고안해 보급하기로 했다. 조종사들이 요구한 기준은 다음과 같았다.

- 보온 가능한 소재의 안감. 목 부위 보온 가능하도록 길고 큰 깃
- 바람이 들어오지 않도록 소매와 허리에 밴드 처리. 앞섶 이중 잠금장치
- 움직임에 방해가 되지 않도록, 특히 조종석에 앉을 때 불편하지 않도록 길이를 허리 위로 조정
- 머플러, 목도리, 보온 내의 등을 착용하고도 조이지 않을 만큼 넓은 품

이에 미군이 디자인하여 내놓은 것이 오늘날 우리가 알고 있는 것과 거의 형태가 유사한 바머 재킷이었다. 가장 많이 알려진 것이 다음 사진의 A2 바머 재킷이다.

제2차 세계대전 이후 개량형 MA1 바머 재킷의 등장

A2 바머 재킷은 조종사들의 요구 조건을 잘 충족했다. 두 번의 전쟁을 지나고도 외형과 기능에 큰 변화가 없었다. 물개 가죽과 양털로 만든 A2 바머 재킷

제1차 세계대전 당시 이름난 조종사 중 한 명이었던 베르너 보스(독일)와 그의 전투기

A2 바머 재킷. 목 부분에 털로 된 보온용 깃을 탈부착할 수 있었다.

A2 바머 재킷을 입은 오바마 대통령

은 조종사들의 애장품이 됐는데, 감사를 표하거나 우정을 기념하면서 자신이 입던 A2 바머 재킷을 선물하는 일도 있었다. 공군 부대를 방문한 귀빈에게 부대마크와 이름표를 부착하여 선물하기도 했다.

한편 1950년대 항공 과학기술과 비행 전술이 획기적으로 도약하면서 조종복에도 변화가 요구됐다. 비행 고도가 높아짐에 따라 A2 바머 재킷의 물개 가죽과 양털의 조합보다 보온성이 뛰어나면서도 얇고 가벼운 소재가 필요했다. 그래서 선택된 것이 특수 처리된 나일론이었다. 디자인은 최대한 단순화했는데 복잡한 콕핏cockpit 안에서 버튼이나 장치에 걸리지 않고 자연스럽게 움직일 수 있도록 하기 위함이었다. 이렇게 해서 개발된 모델이 MA1, 2 바머 재킷이었다. 우리에게 친숙한 '항공 잠바'가 등장한 순간이다.

MA1 바머 재킷을 입은 미 제410폭격비행단 B-52 폭격기의 승무원들. 1966년(상)
바머 재킷의 디자인, 컬러를 좀 더 자세히 볼 수 있는 다른 사진. 입고있는 모델은 MA1이 아닌 1950년대 초에 개발된 L-2B이다.(하)

세계에서 가장 위험한 곳에 자주 보이는 이 패션

"같은 계열의 유사한 패션이 수년의 간격을 두고 같은 캣워크catwalk에 오르고 있다. 그 주변에는 주요 방송 언론과 최고의 스타들이 둘러서 있다. 이 패션은 당대 최고의 권력을 가진 자들에게만 허락된 것이다. 이 캣워크는 세계에서 가장 위험한 곳에 설치되어 있는 것으로 유명하다."

이것은 무엇을 묘사한 것일까? 바로 미 대통령의 한국 DMZ 방문이다. DMZ는 두 나라의 군대가 첨예하게 대립하고 있는 곳이며 대통령이 이곳을 방문할 때면 여러 '스타(장성)'들이 수행을 한다. '당대 최고의 권력에게만 허락된 패션'이란 다름 아닌 바머 재킷이다. 1983년 로널드 레이건Ronald Reagan부터 가장 최근엔 버락 오바마Barack Obama까지 모두 대통령을 위해 특별 제작된 바머 재킷Presidential Bomber을 입고 왔다.

로널드 레이건은 MA-1 바머 재킷을 입었다. 아래 사진에서는 잘 보이지 않는데 한국 육군 방한용 상의를 위에 덧입었기 때문이다. (방한했던 1983년 11월 18일, 전방 기온이 급강하하여 섭씨 영하 10도까지 내려갔었다.) 대중들에게는 로널드 레이건이 입었던 신형 CWU 45P, 해군(조종사)용 모델이 더 친숙할 지도 모르겠다. 1998년, 항공모함 로널드 레이건호(CVN-76) 진수식에서 해군으로부터 선물 받은 이래, 그는 CWU 45P 바머 재킷을 즐겨 입었다.

우리나라의 전방을 방문한 로널드 레이건 대통령(좌). 항공모함 로널드 레이건호의 마크(우).

조지 부시George Bush가 입었던 바머 재킷은 'NOMEX CWU 36/P', 공군 조종사용 모델이다. (NOMEX는 특수방염소재를 사용했다는 뜻이다.) 공군 조종사 교육을 받았던 조지 부시의 바머 재킷은 실제 자신의 것이었다. 다른 모델도 갖고 있었지만 이라크전 성명 발표, 종전 선언과 같은 역사적 장소에는 꼭 이 NOMEX CWU 36/P를 입고 나왔다.

오바마는 A2 바머 재킷을 입었다. 미 공군이 보급용 바머 재킷에 대통령 패치를 달아 선물한 것이다. 패치를 보면 오른쪽 가슴에는 백악관 휘장 위에 '에어포스 원Air Force One'이라고 새겨져있다. 공군에서 대통령(이 탄 비행기)을 지칭하는 호출명이다. 왼쪽 가슴 명찰에는 이름 아래에 이름, 그 아래에 '군 통수권자Commander in Chief'라고 쓰여 있다. 그는 공무가 없을 때에도 마크가 붙어있지 않은 A2 바머 재킷을 즐겨 입었다.

DMZ를 방문한 조지 부시 대통령(좌)과 버락 오바마 대통령(우)

세계에서 가장 화려한 곳에 자주 보이는 이 패션

바머 재킷에 연계된 이미지의 원형은 전쟁, 위험, 군대다. 파괴적이고 남성적이다. 그런데 이것과 정반대편에 있는 이미지, 즉 유희, 아름다움, 엔터테인먼트 같은 것을 바머 재킷으로부터 끌어내려는 이들도 있다. 다음의 사진들을 보자. 패션쇼에 등장했던 작품들로서 바머 재킷의 디자인과 컬러를 화려하게 재해석한 것이 특징이다.

그러나 재해석이 아무리 뛰어나도 오리지널리티를 제대로 살려 입은 패션의 감각을 따라갈 순 없는 듯하다. 다음의 사진들은 패션쇼, 파티 등에 우리가 '항공 잠바'라고 부르는 녹색 나일론 재질의 바머 재킷을 입고 나온 연예인들이다. 첫 번째 줄 왼쪽부터 켄달 제너(모델), 카일리 제너(배우), 코트니 카다시안(방송인). 두 번째 줄 왼쪽부터 니키 미나즈(가수), 시에나 밀러(배우), 엘리 굴딩(가수)이다.

그렇다면 우리나라는 어떨까. '바머 재킷', '항공 점퍼(잠바)'를 키워드로 인터넷을 찾아보면 유명 배우, 가수들이 바머 재킷을 입고 공항이나 거리에 나선 모습을 어렵지 않게 볼 수 있다. 그 중 가장 바머 재킷을 잘 소화한 것은 '무한도전 가요제'에 나왔던 가수 아이유다. 바머 재킷을 포인트로 한 아이유의 패션은 바로 이 영화와 그 등장인물에 대한 오마주였다. 눈썰미 있는 사람은 바로 알아보았으리라. 1994년 개봉한 《레옹》과 여주인공 마틸다(나탈리 포트먼 분)다. 여기까지 생각해보면, 제1, 2차 세계대전에서부터 백악관과 DMZ, 할리우드와 뉴욕을 거쳐 아이유와 영화 《레옹》까지 바머 재킷은 참으로 긴 항로를 지나왔다.

영화 《레옹》의 한 장면. 마틸다가 MA-1 바머 재킷을 입고 있다.

5

세일러복
Sailor Suits

세일러복? 세일러문!

이번 소재는 세일러복이다. 영어로는 세일러 슈트 sailor suits, 일본어로는 세라 セーラー 혹은 세라후쿠 セーラー服 이다. 우리는 세일러복 혹은 '세라복'이라고 부르고 있는데 영어, 일본어, 우리말을 섞은 것이다. 수병복 水兵服; すいへいふく 이란 표현도 있지만 마찬가지로 일본으로부터 온 것이다. 어쨌든 우리에게 가장 익숙한 표현은 세일러복이다.

아마도 우리에게 가장 잘 알려진 세일러복 착용 사례는 "사랑과 정의의 이름으로!"라고 외치며 등장하는 애니메이션《세일러 문》의 등장인물들이 아닐까 싶다. '미소녀 전사'들이 마법 세일러복을 입고 악의 무리와 싸운다는 줄거리인데, 세일러복은 해군의 전투복이면서 일본 여학생들의 교복이기도 하니 더하고 뺄 곳 없이 딱 들어맞는 설정인 셈이다.

중년의 독자라면 세일러복을 입고 등장하는 다른 만화의 등장인물이 떠오를 것이다. 바로 바다 사나이 뽀빠이Popeye다. 20세기 초 등장한 이래 대중들에게 많은 사랑을 받은 캐릭터다. (미국 만화협회에서 조사한 '역대 만화 캐릭터 50'에 포함되어 있다.) 바다 사나이 뽀빠이와 여전사 세일러문의 메인 이미지인 세일러복. 그 유래는 무엇이고 둘 사이에는 어떤 접점이 있을까?

일본 애니메이션 《세일러 문》

뽀빠이

세일러 슈트의 탄생

항해 시대가 열린 16세기, 선원들은 슬롭slop이라고 부르는 크고 헐렁하며 축축 늘어지는 승선복을 입었다. 일할 때 팔과 다리 부분을 빨리 걷을 수 있고 물에 젖었을 때 쉽게 벗을 수 있도록 만든 것인데 정해진 디자인이나 규격이 있는 것은 아니었다. (슬롭은 처음엔 통 넓은 바지만 지칭하다가 후일 선원들이 입는 옷 전체에 대한 통칭이 됐다.)

16세기 선원이 입었던 것으로 추정되는 슬롭

슬롭을 입은 영국 선원(18세기, 좌), 미국 선원(19세기, 우)의 모습

18세기 초까지 항해 선원의 갑판 위 기본 복장은 슬롭이었다. 해군 함선에서도 마찬가지였다. 장교와 군속은 육군 제복 혹은 해군 고유의 그것을 입었으나 선원은 그렇지 않았다. 대영제국 해군 Royal Navy의 경우, 왕실이 경험 있는 선장과 선원을 고용하면 해군 지휘관과 참모부가 이들을 지휘하는 방식이었기 때문이다.

19세기 들어 군의 체계가 완성되고 통일성, 단결 같은 요소가 중시되면서 대영제국 해군 장병도 육군과 유사한 제복을 착용했다. 그러나 장식 많고 꽉 끼는 육군 제복은 갑판 위의 궂은일에 맞지 않았으며 위험하기까지 했다. 이에 대영제국 해군은 고유의 제복을 개발하여 1857년부터 보급했는데 이것이 '넘버-원'(No. 1 혹은 그 개량형인 1A)이었다. 오늘날 우리가 말하는 세일러복의 원조다.

18세기 대영제국 해군 복장. 맨 우측이 슬롭을 입은 일반 선원

블루-진 칼라와 벨보텀스

'넘버-원' 하면 사람들이 떠올리는 것은 벨보텀스bell bottoms와 블루-진 칼라blue jean collar다.

우리가 '나팔바지'라고 부르는 벨보텀스는 슬롭의 실용적인 디자인을 차용한 것이었다. 전체적으로 큰 바지통에 바짓단 부분을 넓혀서 갑판 위에서 일할 때 쉽게 걷어 올릴 수 있었으며 물에 젖어도 벗기 편했다.

이와 달리 실용성은 없지만 하나의 상징적인 이미지로 채택한 것이 블루-진 칼라다. 블루-진 칼라는 앞은 매듭지어 마무리하는 세모꼴이고 뒤는 등의 반 정도를 덮는 네모꼴이다. 푸른 색 바탕에 흰 줄무늬 혹은 흰색 바탕에 푸른 줄무늬다. 멀리서 봐도 알 수 있는, 세일러복의 가장 특징적인 부분이라고 할 수 있다(아래 사진 참조). 블루-진 칼라의 원래 용도는 오염방지 등받이였다. 옛 선원들은 길게 기른 머리에 타르를 발랐다. 활동에 방해되지 않게, 소금기에 상하지 않게 하려는 목적이었다. 그리고 머리에 바른 타르가 상의에 묻지 않게 목 주변에 긴 천을 둘렀는데 이것이 블루-진 칼라의 유래였다.

영국 해군 병사가 입던 세일러복은 어떤 경로를 통해 일반인의 패션에 영향을 미치게 되었을까.

블루-진 칼라

1800년대 후반의 영국 병사(좌), 1939년의 해군 병사(우)가 입은 넘버-원 장교와 달리 블루-진 칼라와 벨보텀스를 착용한 것을 알 수 있다.

19세기 중반 남북전쟁 당시 미 해군의 모습

제국의 유행이 된 왕자님의 코스튬 플레이

1846년, 후일 영국 국왕 에드워드 7세가 되는 에드워드 왕자는 대영제국 해군으로부터 아동용 세일러복을 선물 받았다. 왕자는 한동안 세일러복을 입고 대중 앞에 모습을 드러내곤 했는데 이 모습이, 요즘 말로 영국인들을 '심쿵'하게 만들었다. 그리고 세일러복은 곧 큰 유행이 됐다. 영국 귀족들은 앞 다투어 자신의 아이에게 세일러복을 맞춰 입혔다. 한편 여자 아이들에게 맞춰 입히는 세일러 드레스도 나왔다. 이는 1900년대 초반 뉴욕, 필라델피아에서 유행이 시작되어 유럽으로 역수출됐다.

에드워드 왕자의 초상화. 윈터할터의 1846년 작(좌)
1920년대 미국의 세일러 드레스(우)

일본으로 건너간 세일러복

서구에서 아동복으로 스핀-오프 spin off 된 세일러복은 일본에서는 여학생 교복으로 자리 잡았다. 기록을 찾아보니 일본 해군 병사는 1872년부터, 교토 헤이안여학원 여학생은 1921년부터 세일러복을 입기 시작했다. 그런데 세일러복이 일본 여학교 교복으로 선택된 데 영향을 미친 것은 해군 제복으로서의 세일러복이 아니라 서구 가정 복식의 이미지였던 것으로 보인다. 유럽 문물 시찰을 갔던 일본인 중 일부가 아이들이 입은 세일러복에 강한 인상을 받아 이를 자신의 자녀들에게도 만들어 입혔다. 이것이 여차여차하여 결국 학교 교복으로 자리 잡았다고 한다.

어쨌든 1921년 명문 헤이안여학원에서 세일러복을 정식 교복으로 채택하자 전국에서 동시다발적으로 이를 따랐다. 그 이전까지의 일본 여학생들은 전통의상인 기모노를 입고 등하교했다고 하니 여성의 복장 해방에 어느 정도 기여한 셈이다.

1920년대, 세일러복 교복을 입은 일본 여학생의 모습

1920년대의 세일러복은, 당연하겠지만, 손으로 만든 맞춤복이었다. 집안이 부유한 일부 학생은 재단사에게 맡겼지만 그렇지 않은 대다수는 집에서 만들어 입었다. 세일러복 만들기는 양재洋裁 교과의 과제이기도 했는데, 손재주 있는 집안의 여성들(여학생, 어머니, 할머니 등)이 합심하면 종종 실용적이면서도 세련된 디자인이 탄생했다. 개중 탁월한 것은 새로운 교복(과제)의 기준으로 선택됐고 이는 규수가閨秀家의 큰 자랑거리였다. 그래서 일본 세일러복은 오늘날까지도 기본 콘셉트를 빼고는 학교별로 디자인, 컬러가 다르다. (학년별로 다른 곳도 있다.)

대영제국 해군의 세일러복은 거칠고 고독한 바다 사나이의 이미지를 계승한 것이었다. 그러나 일본으로 넘어온 세일러복은 그와 대극對極에 있는 이미지로 변신했다. 리본, 포인트 장식, 빳빳하게 풀을 먹인 깃, 주름치마 같은 것이 더해지면서 여성스럽고 조신하며 우아한 복장으로 정착했다.

1920년대. 세일러복 교복을 입은 일본 여학생의 모습

몸뻬 세일러복

'몸뻬 세일러복'은 일본 여학생들의 전쟁 복장이었다. 태평양전쟁 발발 이후 일본 남성은 이른바 '국민복'을, 여성은 '몸뻬もんぺ'를 입었다. 여학생들은 세일러복에서 장식, 레이스, 주름, 치마 등을 제거한 몸뻬 세일러복을 입었다 (아래 사진 참조). 이는 기존의 세일러복이 추구하던 '여성스럽고 조신하며 우아한' 이미지와는 거리가 먼 것이었다. 어느 쪽인가 하면 오히려 해군 병사들이 입던 원래의 세일러복에 더 가까운 외형이었다.

상의는 세일러복, 하의는 몸뻬를 입은 1940년대의 일본 여학생들

대영제국 해군에서 일본 여학생까지 그리고...

세일러복은 19세기 대영제국 해군 병사들의 제복에서 출발하여 유럽의 아동복으로 유행했다가 일본으로 건너온 이후에는 아시아 여학교의 교복으로 자리 잡았다. 이렇게 역동적인 역사와 에피소드를 가진 패션도 드물다. 자료 조사를 하고 글을 쓰면서 마무리에 '시대불문, 남녀노소男女老少가 모두 좋아하는 패션'이라는 표현을 넣고 싶었다. 그러나 세일러복에는 '노인老' 요소가 빠져있으니 그럴 수 없었다.

그런데 원고 초고를 작성해 놓고 아쉬워하던 차에 유머사이트에서 우연히 아래의 사진을 봤다. 일본의 한 노인이 세일러복을 입고 즐거워하는 모습이다. 과연, 세일러복은 시대불문, 남녀노소가 좋아하는 패션이 맞았다.

일본에서 '세일러복 할아버지'로 유명한 코바야시 히데아키 씨

6

피코트
Pea Coat

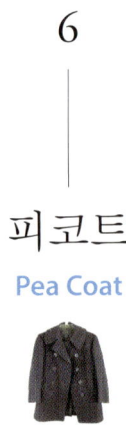

척 보면 압니다.

피코트 pea coat는 방한을 위한 두꺼운 겨울 코트다. 다른 외투보다 확연히 넓은 옷깃, 2열로 된 큼직한 단추가 달린 더블 브래스티드 double breasted 여밈, 꾸밈없이 세로의 입구만 있는 외투 바깥의 머프 포켓 muff pocket 등이 외형상의 차별적인 특징이다. 이 특징은 모두 방한과 관련이 있다. 넓은 옷깃은 세워서 목과 얼굴 부위를 비바람으로부터 보호하기 위한 것이다. 장갑을 낀 손, 추위로 감각이 둔해진 손으로 쉽게 입고 벗을 수 있도록 큼직한 단추를 썼다. 머프 포켓은 말 그대로 손을 따뜻하게 하기 위한 것이었는데 일체의 장식을 배제해 쉽게 손을 넣고 뺄 수 있게 했다.

피코트는 또한 야외 활동에 적합한 기능성 복장이다. 아랫단을 엉덩이 부근에서 자르고 뒤트임을 주어 하체의 움직임에 방해가 되지 않게 했다. 품은 몸에 딱 맞고 겨드랑이와 팔은 넉넉하게 일자로 재단하여 상체를 움직일 때 수

월하게 했다. 혼방 능직의 울 소재는 튼튼하면서 신축성도 뛰어나다. 다소나마 방수도 된다.

이 따뜻하고 움직이기 편한 옷은 언제, 어떤 용도로 만들어지기 시작했을까?

피코트의 전형적인 디자인

네덜란드 수도사가 입던 파이pij

피코트의 원형은 18세기 네덜란드로까지 거슬러 올라간다. 네덜란드 해군은 16세기 말에 급속도로 성장하여 17, 18세기에는 영국, 프랑스, 스페인에 버금가는 해군력을 보유했다. 네덜란드 해군은 일부 고급 선원들에게 울로 만든 동계 방한복을 보급했는데 그 명칭은 '파이-제케르pij-jekker'였다. '파이pij'는 '동물의 털로 거칠게 짠 옷', '제케르jekker'는 '외투(영어로 jacket)'라는 뜻이었다. 이것이 영어로 옮겨오면서 '피-재킷pea jacket' 혹은 '피코트pea coat'가 됐다.

19세기 하급 간부, 선원의 일반적인 복장 묘사

영국과 해군의 하급 간부를 위한 근무복이자 제복

대영제국 해군도 19세기 말부터 피코트를 제복으로 보급하기 시작했다. (미국도 거의 같은 시기에 피코트를 받아들였다.) 이전까지 해군 하급 간부는 선원과 같은 복장을 하고 있었다. 그런데 하급 간부와 선원의 역할이 확연히 달라지고 계급 체계가 엄격해지자 하급 간부에게 별도의 제복을 보급할 필요성이 제기됐다.

이에 1888년, 해군에 복장을 납품하던 재단사 찰스 캠플린Charles Camplin이 새로운 제복을 고안해 내놓았다. 제복의 소재는 네덜란드의 파이-제케르와 같았으며 디자인은 고급 간부들이 개별적으로 주문 제작하여 입던 더플코트duffel coat, 리퍼reefer를 단순화한 것으로 오늘날 우리가 알고 있는 피코트의 원형이라 할 수 있는 것이었다.

제2차 세계대전 당시의 사진. 더플코트를 입은 몽고메리 장군(우)이 리퍼를 입은 캐나다군 장교로부터 보고를 받고 있는 모습이다.(상) 1884년 미 해군 선원들의 모습. 대다수가 피코트를 입고 있다.(하)

대영제국 해군이 보급했던 피코트의 흔적을 찾기는 힘들다. 다만 1900년대 초반 미 해군이 보급했던 피코트는 종종 실물이 남아있다.(좌), 1913년 미 해군의 복장 규정. 왼쪽이 해군 병사, 오른쪽이 하급 간부다.(우)

1920년대 미 해군 피코트

제1, 2차 세계대전

전쟁이 나면 군은 효율 높고 돈 적게 드는 최적의 소재와 디자인을 찾는다. 전장에서 실전 테스트를 통과한 군대의 군복, 제복은 가장 이상적인 형태의 기능성 복장이라고 할 수 있다. 피코트는 두 번의 세계대전을 통해 그 기능을 검증 받았다.

제1차 세계대전기 피코트의 두드러진 특징은 허벅지 부근까지 내려오는 길이와 두 쌍의 주머니였다. 손을 넣는 세로 주머니(머프 포켓)와 물건을 넣는 가로 주머니가 각각 있었다. 색상은 전통적인 해군 제복의 진한 청색midnight blue을 썼다.

제1차 세계대전 당시의 전형적인 피코트 디자인. 손을 위쪽에 있는 세로 주머니에 넣고 있다. 세로 주머니는 머프(보온) 포켓이라고도 하고 슬래시(slash, 절개형) 포켓이라고도 한다.

제2차 세계대전기 피코트의 가장 큰 변화는 길이가 짧아진 것이다. 길이를 줄인 것은 활동성을 높이기 위해서였다. 길이를 줄이면 비싼 울 원단이 덜 들어가니 예산이 절감되는 효과도 있었다.

한 가지 흥미로운 것은 주머니의 변화다. 길이를 줄이기로 했으니 아래쪽에 있던 가로 주머니의 위치를 바꾸거나 없애야 했다. 하지만 아예 없앨 순 없는 노릇이었다.

해군은 피코트를 보급하면서 하급 간부와 병사의 동계 제복 바지에 있던 주머니를 없앴다. 피코트에 주머니가 네 개나 있으니 바지 주머니가 필요 없다고 판단했기 때문이다. (오늘날에도 우리나라를 포함한 대다수 국가의 해군 병사용 동계 제복 바지에는 주머니가 없다. 하계 제복 바지에는 주머니가 있다.) 이런 상황에서 피코트의 가로 주머니를 없앤다면 지갑, 장갑 등의 소지품 등을 어디에 넣겠는가. 그래서 해군은 피코트의 가로 주머니를 없애는 대신 안주머니를 만들어 넣었다. 가슴 아래께에 있던 세로 주머니는 하단에 맞춰 재배치했다.

1940년대 초의 미 해군 피코트(좌) / 1940년대 중반 미 해군의 피코트(우)

대기만성의 패션, 피코트

피코트가 군대 밖으로 나와 민간에서도 유행하기 시작한 것은 1960년대 초인 것으로 보인다. 이 점은 여타 '밀리터리 룩'이 세상에 선보인 사연과 많이 다르다. 예를 들어, 웰링턴 부츠나 트렌치코트 같은 군 복장, 제복은 거의 동시대에 패션으로 유행했다. 그렇다면 피코트는 왜 군문軍門을 빠져나오는 데 많은 시간이 걸렸을까?

첫째, 비싼 소재인 울을 사용했기 때문이다. 당시 각 군은 전역 간부의 피코트를 회수했고 외부 유출을 엄금했다. 반면 사회에서 유행한 여타 밀리터리 룩은 그렇지 않았다. 제1차 세계대전 당시 개인 구매해 입었던 트렌치코트나 제2차 세계대전 당시 저가에 생산하여 대량으로 보급된 M1942 야전 상의는 개인이 사회로 가지고 나가는 데 별 문제가 없었다. 그러나 피코트는 100퍼센트 회수를 원칙으로 했다.

둘째, 포지셔닝이 어중간했다. 군대에서 하급 간부가 입는 피코트를 민간 상류층이 즐겨 입었을 리 있었겠는가. 더군다나 피코트보다 좋은 리퍼, 더플코트 등의 '오리지널'이 이미 있었으니 말이다. 그렇다고 서민이 즐겨 입을 만했던가 하면 또 그렇지도 않았다. 서민도 기왕이면 고급 간부가 입었던 제복을 입고 싶을 것 아닌가. 울 소재라서 가격까지 비쌌기 때문에 이래저래 상업화하기에는 적절하지 않았을 것이다.

셋째, 그다지 멋있게 보이지 않았을 수 있다. 피코트의 단순함, 깔끔함은 화려함을 지향했던 상류층에게 별다른 인상을 주지 못했을 것이다. 서민층 역시 마찬가지였을 것이다. 그렇지 않아도 단순한 옷을 입고 살던 서민층에게 단순한 피코트의 디자인이 매력적이었을 리 없다.

하지만 유행은 돌고 돌아 변화하는 것이다. 오늘날 피코트는 일명 '남친 룩'의 대명사로 여겨지고 있다. 그렇다면 현대 대중들이 피코트를 좋아하는 이유는 무엇일까? 한 패션잡지는 '2017~18년 겨울 유행 예감'이란 코너에서 피코트를 소개하면서 이 옷이 '셔츠에 넥타이를 매고 있어도, 라운드 넥의 스웨터 차림에도 두루 잘 어울린다.'고 했다. 수차례의 전쟁으로 검증된 디자인과 기능성에 대한 대중의 신뢰도 나름의 역할을 했을 것이다. 미 해군의 복장, 제복 공급 업체이며 피코트를 상업화하여 팔고 있는 스털링웨어 보스턴 Sterlingwear Boston 은 '미 해군의 피코트와 가장 가까운 디자인과 품질'을 자사 상품의 장점으로 홍보하고 있다.

피코트를 입은 연예인들의 모습. 톰 크루즈(배우, 좌상), 존 레전드(가수, 우상), 저스틴 팀버레이크(가수, 좌하), 올리비아 문(모델, 우하).

7

더플코트
Duffle Coat

벨기에 더플 Duffel 마을의 특산품

더플 duffel 혹은 duffle 은 벨기에 앤트워프 남쪽의 작은 도시이다. 이곳에서 생산한 거칠고 두껍게 짠 울 재질의 천은 보온이 잘 되고 질겨서 인기가 많았다. 사람들은 이를 더플(천)이라고 불렀는데 더플은 동계용 외투를 만드는 데 많이 사용됐다.

19세기 초 벨기에에 인접한 폴란드 군대가 더플로 만든 외투를 보급하기 시작하면서 더플코트는 하나의 고유명사가 됐다. 시간이 지나면서 바람막이용 후드 모자, 장갑을 끼고도 입고 벗을 수 있는 토글 toggle 단추, 앞섶에 달린 큰 주머니가 더플코트의 외형적 특징으로 자리 잡았다.

더플코트를 선원에게 보급하기 시작한 영국 해군

19세기 말 영국 상인이었던 존 패트리지 John Partridge는 더플코트의 상품성을 알아보고 이를 고국으로 가지고 들어갔다. 존 패트리지의 더플코트는 원형을 그대로 유지한 채 영국 해군으로 전해졌다. 1890년 영국 해군은 더플코트를 동계 작업복 겸 외출복으로 하급 선원에게 보급했다.

1919년 영국 해군 아이언 듀크호에서 더플코트를 입은 선원들(상)
제2차 세계대전 당시 더플코트를 입은 영국 해군의 모습. 맨 우측의 것 역시 해군 보급품으로 연한 황토색의 컬러에 보온성을 강화한 것이 특징이었다.(하)

제2차 세계대전과 더플코트

한편 더플코트를 세계적으로 널리 알린 것은 제2차 세계대전 당시 연합군 사령관이었던 버나드 몽고메리Bernard Montgomery 장군이었다. 전쟁 영웅이었던 그가 보급용 더플코트를 입고 야전을 누비는 장면이 방송 언론을 타고 전 세계에 퍼졌다. 사람들은 몽고메리 장군의 애칭을 따서 몬티 코트Monty Coat로 부르기도 했다.

더플코트를 입은 몽고메리 장군. 제2차 세계대전 당시 이동식 지휘소에서(좌)
몽고메리 장군 뿐만 아니라 많은 장교들이 더플코트를 즐겨 입었다. 사진의 왼쪽에서 두 번째는 캐나다군 총참모장 해리 크레라 장군. 더플코트를 입고 있다.(우)

영국군 특수부대의 아버지 데이비드 스털링 대위(좌)
더플코트를 입은 채 사막에서 독일군을 습격하러 출발하는 대원들을 지도하고 있다.(우)

제2차 세계대전이 끝나자 전역자들은 자신이 입던 군복 중 일부를 가지고 고향으로 돌아왔다. 그중 인기 높은 품목 중 하나가 바로 더플코트였다. 따뜻하고 편하고 디자인도 뛰어났던 이 옷은 곧 전 국민의 사랑을 받는 겨울옷이 됐다.

더플코트의 3요소

더플코트의 첫 번째 특징은 앞섶의 토글 단추다. 토글 단추는 나무로, 단추와 반대쪽 구멍은 대마섬유로 만들었다. 특징은 크고 성기게 만들어 바다 위에서 장갑 낀 한 손으로 쉽게 여미고 풀 수 있도록 한 것이다. 1950년대부터 더플코트를 상업화한 글로버올 Gloverall이 동물의 뿔로 토글 단추를 만들면서 이것이 더플코트의 상징처럼 됐다.

글로버올의 클래식 더플코트 3종

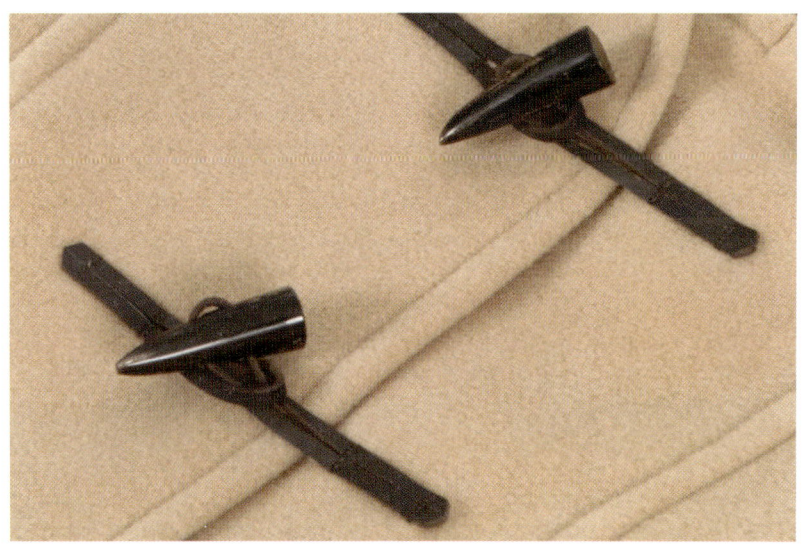

나무 재질(상)과 뿔 재질(하)의 토글 단추

더플코트의 두 번째 특징은 주머니다. 코트에 달린 주머니의 용도는 대부분 보온이다. 그래서 머프muff; 방한 포켓이라 부른다. 세로로 절개한 모양이라고 해서 슬래시slash; 절개형 포켓이라고도 부른다. 더플코트의 주머니는 패치patch 포켓이라고 하는데 덮개 없는 것이 특징이다. 갑판 위에서 작업 중인 선원이 손쉽게 소지품이나 물건을 넣고 꺼낼 수 있는 용도였다.

좌측으로부터 시계방향 트렌치코트, 피 코트, 더플코트의 주머니

세 번째 특징은 후드 모자다. 더플코트는 후드 모자가 달린 코트류의 원조다. '격식 있는 복장 중 후드가 허용되는 유일한 외투'라고 해도 무방할 것이다. 체크무늬 안감이나 앞가리개도 더플코트의 특징이긴 하나 이는 트렌치코트, 피 코트도 마찬가지다.

가장 클래식한 더플코트의 형태. 1947년의 광고 중에서

더플코트는 중후한 노인과 멋쟁이 청년 모두에게 잘 어울린다.

이미지로 입는 더플코트

더플코트는 격식 있는 자리와 작업장에 모두 입고 나갈 수 있는 몇 안 되는 다용도 복장이다. 실용성뿐만 아니라 심리적 기능도 뛰어나기 때문에 남녀노소 모두 멋을 내 입을 수 있는 외투이다.

더플코트의 가장 큰 개성은 오랜 역사에서 비롯된 뚜렷한 이미지다. 그래서 더플코트는 정치나 영화 같은 분야에 자주 등장한다. 유럽에서는 친서민적 이미지를 강조하기 위해 정치인들이 양복 위에 더플코트를 입고 공식 행사에 나타나는 경우가 잦다. 영화에서는 뚜렷한 개성, 남다른 내면을 표현하는 클리셰cliché로 등장한다. 아래 사진은 1971년 작 영화 《애정과 욕망Carnal Knowledge》의 한 장면이다. 사진의 등장인물은 모두 더플코트를 입고 있는데 컬러와 입은 방식이 다르다. 여성에 대해 전혀 다른 사고방식(남성 중심적, 여성 중심적)을 갖고 있지만 결과적으로는 둘 다 제대로 이성교제를 하지 못하는 현실을 더플코트를 통해 표현하고 있는 것이다.

영화 《애정과 욕망》에서 더플코트를 입고 있는 잭 니콜슨과 아트 가펑클

8

래글런 코트
Raglan Coat

래글런 코트와 래글런 소매 방식

래글런 코트raglan coat는 방수, 방풍, 보온이 뛰어난 외투의 하나다. 트렌치코트와 함께 오늘날 우리가 '외투', '코트'라고 부르는 것들의 아버지 격이다.

래글런 코트가 다른 외투와 다른 점은 어깨 재봉선의 위치 혹은 재봉 기술이다. 종류를 불문하고 통상 상의는 팔 부위를 어깨 부근에서 몸통에 재봉한다. 그런데 래글런 코트는 오른쪽의 사진에서처럼 목 칼라 부근에 재봉한다. 이런 래글런 코트의 재봉 방식을 래글

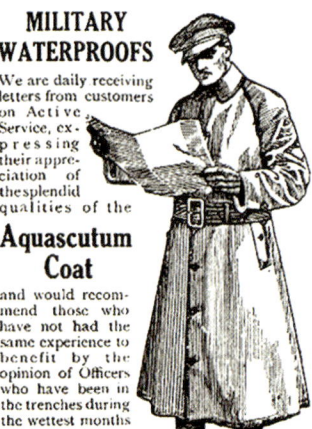

20세기 초의 래글런 코트 광고

런 소매raglan sleeve라고 부른다. ('라그랑ラグラン 소매'라고 부르는 경우도 있는데 이는 일본식 발음을 그대로 가져온 것이다.)

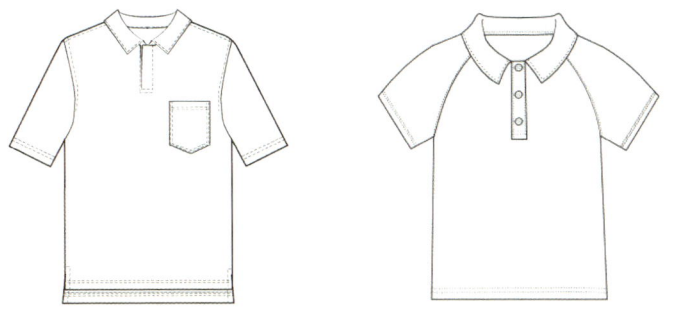

일반적 스타일의 티셔츠(좌)와 래글런 소매 스타일의 티셔츠(우)

래글런 소매의 장점은 팔의 움직임이 보다 자유롭고 어깨와 팔 부위의 무게 지탱점이 분산되어 가볍게 느껴지는 것이다. 때문에 오늘날 전문선수용 스포츠 웨어 상의는 거의 대부분 이 방식으로 제작되고 있다. 미군의 기능성 전투복도 래글런 소매 방식을 사용하고 있다.

대한민국 축구대표팀의 유니폼(좌)과 미 육군의 기능성 전투복(우). 모두 래글런 소매 방식으로 재단됐다.

래글런 소매의 유래는?

래글런 코트에서 '래글런'은 크림 전쟁의 영웅 피츠로이 서머셋FitzRoy Somerset 장군의 작위명에서 온 것이다. 피츠로이 서머셋은 17세에 장교로 임관하여 20세가 되던 1808년 아서 웰즐리Arthur Wellesley 장군의 전속부관이 됐다. (후일 영국 총리를 역임하는 워털루 전투의 영웅 웰링턴 공작이 아서 웰즐리 장군이다.) 그리고 1855년 크림 전쟁 말기에 과로로 사망할 때까지, 일생을 전장에서 보냈다.

피츠로이 서머셋은 용맹하고 솔선수범하는 장교였는데 1815년 워털루 전투에서 선두에 나섰다가 큰 부상을 입어 오른팔을 잃게 된다. 그러나 피츠로이 서머셋은 군문을 떠나지 않고 아서 웨슬리 장군을 수행하며 각종 전투에서 혁혁한 공적을 세웠다. 30대의 나이에 장군으로 진급했으며 1827년엔 아서 웰즐리 장군의 뒤를 이어 영국 국방장관이 됐다.

그가 작위를 받아 래글런 남작이 된 것은 1852년이었다. 다음 해인 1853년 크림 전쟁이 발발하자 래글런 남작은 다시 군복을 입었다. 1854년 대장으로 직위 진급하면서 영국 측 총사령관으로 참전했다.

래글런 남작의 젊은 시절 초상화(좌), 노년의 사진(우)

'래글런 코트'가 여기에서 등장한다. 세간의 기록에 의하면 한쪽 팔이 없는 래글런 남작의 출정을 위해 특별 제작된 것이라고 되어 있다. 그가 편히 칼을 휘두를 수 있도록 디자인한 것이라는 설명도 있고, 한 팔이 없는 그가 편히 입을 수 있도록 고안한 것이라는 설명도 있다. 과연 그럴까.

아쿠아스큐텀의 신제품 스트레칸 Streccan

래글런 코트의 원래 이름은 아쿠아스큐텀 코트 Aquascutum Coat였다. ('아쿠아스큐텀'은 라틴어로 '방수'라는 뜻이다.) 이 코트는 영국 왕실과 군복 독점 판매 계약을 맺은 의류점 아쿠아스큐텀의 신제품이었다. 아쿠아스큐텀은 방수, 방풍, 보온이 뛰어난 울 직조 기술을 기반으로 1891년 런던에 설립된 일종의 벤처 회사였다. 제품과 기술력을 앞세워 1853년 크림 전쟁을 앞두고 왕실 독점 판매권을 따낸 것이다.

이런 역사적 배경을 보면, 아쿠아스큐텀이 처음부터 래글런 남작을 위해 이 옷을 디자인했다고 보긴 어렵다. 우선 상식적으로, 국방장관 출신의 대장이 '진장에서 칼을 쉽게 휘두를 수 있도록 하기 위해서' 래글런 코트를 개발했다는 설명은 상식적으로 납득하기 어렵다. 총사령관이 전선에서 칼을 몇 번이나 휘두르겠는가. 또한 시기적으로 잘 맞물리지 않는다. 아쿠아스큐텀의 코트가 보급되기 시작한 것은 1853년이고 래글런 남작이 총사령관이 된 것은 1854년이었다. 무엇보다 팔과 몸통을 재봉하는 기술에 팔이 없는 사람의 작위명을 매칭시켰을 리가 없다. 그것은 도리어 큰 실례로 받아들여질 수 있다. 아쿠아스큐텀의 재봉 기술이 팔 없는 사람에게 특별한 편리함을 주지도 않는다. 일반적으로 더 움직이기 편하고 가볍기는 하지만 말이다.

가장 전형적인 래글런 코트의 모습(위). 아래 두 사진은 래글런 소매 방식 재봉의 특징을 잘 보여준다.

따라서 '래글런 코트(소매)' 명칭의 유래에 관한 보다 자연스러운 설명은 '크림 전쟁에 새로 보급된 신제품 코트에 총사령관인 래글런 남작의 작위명을 별칭으로 붙였다'는 것이다. 워털루 전투에 등장한 목이 긴 신형 헤시안 부츠 Hessian Boots를 아서 웰즐리 장군의 작위명을 따 '웰링턴 부츠'라고 불렀던 것처럼 말이다.

아쿠아스큐텀의 '스트레칸' 광고

래글런 소매의 장점

언급했다시피 래글런 소매 방식의 가장 큰 장점은 활동성이다. 래글런 소매는 재봉선이 목에서 겨드랑이 방향으로 내려오기 때문에 어깨 부위 움직임이 자연스럽다. 이에 비해 셋-인 소매 set-in sleeve는 어깨에 재봉선이 있기 때문에 움직일 때 '걸리적거리는 느낌'이 든다.

또한 래글런 소매는 겨드랑이 부위에 충분한 공간이 있어 '팔이 (혹은 겨드랑이가) 끼는 불편함'이 느껴지지 않는 것이다. 셋-인 소매 방식으로 겨드랑이를 넓게 재봉하면 상의의 형태가 무너질 뿐만 아니라, 팔을 몸에 붙이고 있을 때 천이 겹쳐 오히려 거추장스럽다. 덧붙여, 겨드랑이 쪽이 넓으면 자칫 둔해 보일 수 있지만 목에서 어깨로 이어지는 대각선의 디자인이 이를 상쇄한다.

래글런 소매(좌)와 셋인 소매(우)의 비교

래글런 소매는 나일론과 같은 화학섬유의 탄력성과 회복성을 가장 잘 살릴 수 있는 재봉 방식이다. 어깨와 팔이 일체형으로 되어 있기 때문에 소재 자체의 신축성을 최대한 활용할 수 있다. 흔히 저지 jersey라고 부르는 스포츠 유니폼을 래글런 소매 방식으로 만드는 것도 이 때문이다.

사냥복과 블라우스, 전쟁터의 군용 외투에서 민간 패션으로

한편, 크림 전쟁에 참전했던 영국 귀족 출신의 장교들은 래글런 코트를 입고 사냥이나 승마를 했다. 래글런 코트 착용을 '격식에서 벗어난 행동'으로 보는 보수적인 귀족들도 있었지만, 워낙 편했기 때문에 점차 많은 이들이 이를 선호하게 됐다.

셋-인(좌상)과 래글런(우상) 소매 방식의 사냥복 비교
1901년 패션잡지에 실린 골프 복장 삽화. 왼쪽은 격식을 차린 일종의 정복장이고 오른쪽은 활동성을 중시한 래글런식의 복장이다.(하)

하지만 셋-인 소매 방식으로 만들어진 코트, 점퍼, 저지 등을 '정통'으로 보는 경향은 아직도 남아있다. 예를 들면, 2017년판 영국 사냥 가이드에는 "격식 있는 사냥터에는 래글런 소매 방식이 아니라 셋-인 소매 방식으로 재봉된 외투를 입으라"고 적혀 있다.

셋-인 소매 방식으로 제작된 버버리 트렌치코트(좌), 래글런 소매 방식으로 제작된 아쿠아스큐텀 래글런 코트(우)

뒷면을 보면 소매 재봉 방식이 확연히 다름을 알 수 있다. 버버리 트렌치코트(좌), 아쿠아스큐텀 래글런 코트(우)

20세기 여성복 디자이너들은 래글런 소매 방식의 풍부한 표현력을 충분히 활용했다. 1920년대 전후에는 목에서부터 내려오는 주름과 풍성한 레이스로 상체를 강조하는 래글런 블라우스가 크게 유행했다. 1950년대 이후부터는 자연스런 어깨선이 드러나는 방식의 래글런 원피스가 유행했다(아래 사진 참조).

풍성한 주름과 레이스가 가미된 래글런 블라우스(1920년대)

자연스런 어깨선을 강조한 래글런 원피스(1950년대 이후)

9

프록코트
Frock Coat

프록코트frock coat는 허리 품이 잘록하고 아랫단 길이가 무릎까지 내려오는 남성용 외투다. 프록코트가 오늘날과 같은 디자인으로 자리 잡은 것은 19세기 초 나폴레옹 전쟁기였다. 이 전쟁에 참가한 오스트리아와 프러시아군 장교들이 전장에 프록코트의 초기 형태라 부를 만한 것들을 입고 나왔다.

프랑스의 쥐스토코르에서 시작된 프록코트

중세 시대 영주와 기사들의 복장은 몸에 꼭 맞게 디자인됐다. 그 위에 갑옷을 걸쳐야 했기 때문이다. 이것이 귀족들이 즐겨 입는 더블릿doublet, 호즈hose로 발전했다. (더블릿은 몸에 꼭 맞는 상의이고, 호즈는 오늘날의 스타킹과 비슷하다 생각하면 된다. 우측 사진 참조.) 16세기 경 출현한 쥐스토코르justacorps는 더블릿, 호즈 위에 입을 수 있는 코트였다. 문직紋織으로 직조한 비단에 벨벳과 자수를 곁들여 외양이 매우 화려했다. 루이 13세가 입어 프랑스 귀족 사이에 널리 퍼졌고, 패션 감각이 남달리 뛰어났던 루이 14세가 화려한 장식과 날렵한 선을 더해 유럽의 유행이 됐다.

그림 속 인물이 입고 있는 상의가 더블릿이다. 지암바티스타 모로니 작, 《자화상》(1570년, 좌)
작자 미상, 《호즈를 입고 있는 월터 롤리 경과 그 아들》(1602년, 우)

전형적인 형태의 쥐스토코르. 1695년의 것으로 추정

프록과 쥐스토코르의 만남

18세기부터 이탈리아, 프랑스, 루마니아, 스페인, 프러시아 등지에서는 프락 혹은 프록 frac, fraque, frock이라고 불리는 외투가 나타났다. '수도사의 옷'이라는 별칭처럼 무릎까지 내려오는 망토 형태가 대부분이었지만 점차 허리에 끈을 묶거나 단추로 앞을 여밀 수 있는 코트 형태로 발전했다.

19세기에 들어서자 오스트리아와 프러시아 장교들이 프록코트라고 불리는 것을 전장에 입고 나왔다. (문헌에 의하면 1816년 전후로 추정된다.) 프록코트는 '수도사의 옷' 프록처럼 무릎까지 내려오는 어두운 색의 양모로 된 것이었으며, '귀족의 옷' 쥐스토코르처럼 허리가 잘록하고 화려한 장식이 있는 것이었다. 아마도 프랑스전쟁기 동안 프러시아의 프록과 프랑스의 쥐스토코르가 결합된 결과가 아니었을까 추측해본다.

워털루 전쟁에 참전한 프러시아 장병의 복장을 묘사한 삽화
무릎까지 내려오는 프록코트를 입은 이들이 중간중간 눈에 띈다.

프록코트의 외형적 특징

프록코트의 외형적 특징 중 하나는 칼라와 소매가 없는 것이었다. 귀족 출신 장교들이 안에 받쳐 입는 더블릿이나 저킨 jerkin에 레이스 달린 칼라와 소매가 있었기 때문에 코트에 또 다른 칼라와 소매가 있을 필요가 없었다. 있다면 오히려 거추장스러웠을 것이다. 물론 레이스 장식 없는 평범한 옷을 안에 입는 병사들에겐 보호와 방한을 위해 칼러와 소매가 필요했다. 그러나 군대는 예산 절감을 이유로 칼라와 소매를 달지 않았다.

코트의 단추가 한 줄인 이유도 예산 때문이었다고 한다. 기존의 정복, 군복은 두 줄 단추를 달았는데 전쟁이 장기화되어 재정이 악화되다 보니 단추 숫자까지 줄이게 된 것이다.

19세기 표준 군복이 된 프록코트

1840년대 프러시아군은 프록코트를 표준 군복 undress으로 지정했고 곧 미국, 러시아, 프랑스군도 그렇게 했다. 프록코트는 전장의 비바람을 잘 막아주었고 제식 군복 full dress으로도 손색이 없었다. 19세기 말에는 서구 국가 대부분이 기존의 연미복 tail coat 대신 프록코트를 제식 군복으로 선택했다.

남북전쟁 당시 미 남군의 프록코트

연미복은 원래 장교들의 제복이었다. 1840년 경 영국 근위대 장교의 연미복

프록코트를 입은 유명인사들

1) 남군 사령관 로버트 리 장군

미국인들은 남북전쟁 당시 남군 사령관이었던 로버트 리 Robert Lee 장군을 좋아한다. 전쟁의 승자인 북군 사령관 율리시스 그랜트 Ulysses Grant 장군보다 더 좋아한다. 실제 미 역사박물관의 남북전쟁 전시관에 가보면 로버트 리 장군 앞에 더 많은 사람이 몰려 호감을 표시한다. 전시관의 로버트 리 장군은 회색의 프록코트를 입고 있다.

1851년 미 육군은 모든 장병의 제식 복장을 통일했다. 이때 상의 외투로 프록코트를 선정했다. 이전까지는 대부분 코티 coatee 라 부르던 길이가 짧은 상의 외투를 입었었다. 보병은 청색, 포병은 진홍색, 기병은 주황색, 산악 소총병은 초록색을 기본색으로 했고 지휘부와 참모는 검은색의 프록코트를 입었다.

1861년 전쟁이 벌어지자 남군과 북군은 각기 다른 군복을 만들어 입었다. 남군이 짙은 회색, 북군이 청색을 선택하여 색은 확연히 달라졌지만 상의의 외형은 프록코트의 그것을 그대로 유지했다.

로버트 리 장군과 그가 입었던 프록코트의 재현품

1865년 4월 9일. 남군의 항복 조인식을 그린 그림. 양측의 장교 모두 프록코트를 입고 있다.

2) 링컨 대통령

193센티미터의 장신이었던 에이브러햄 링컨 Abraham Lincoln 대통령은 옷을 따로 맞춰 입어야 했다. 키도 그렇지만 워낙 빼빼 마른 체형이라서 보통 솜씨론 그의 옷맵시를 살릴 수 없었다. 지금도 유명한 패션 브랜드 브룩스 브라더스 Brooks Brothers는 링컨 대통령의 옷을 맞춤 제작하는 곳 중 하나였다.

남북전쟁이 한창이던 1862년 야전에서 사진을 촬영한 링컨 대통령. 좌측은 경호를 담당했던 앨런 핑커톤, 우측은 테네시 사령관 등을 역임한 존 알렉산더 맥클러난드 장군. 모두 프록코트를 입고 있다.

브룩스 브라더스는 1865년 역사에 길이 남을 프록코트를 만들었다. 링컨 대통령은 이 프록코트를 입고 1865년 4월 4일, 미 국회의사당 앞에서 재선 취임 연설을 했다. 그리고 열흘 뒤인 4월 14일, 포드 극장에서 총격을 받아 사망했다. 이때 입고 있던 옷 역시 브룩스 브라더스가 만든 프록코트였다.

국회의사당 앞에서 재선 취임 연설을 하고 있는 링컨 대통령.
상단 사진에 붉게 표시한 부분을 확대한 것이 하단 사진이다.

링컨 대통령의 흑백사진에 컬러를 덧입힌 사진

3) 윌리엄, 해리 왕자

영국 육군 장교들은 아직도 제식용 복장으로 프록코트를 입는다. 버킹엄궁을 지키는 근위병도 길이를 줄인 프록코트를 입는다.

아래 사진에서 검은색 육군용 프록코트를 입고 있는 이는 영국의 윌리엄 왕자다. 그는 영국 육군항공 조종사로 10년 간 복무했으며 아프가니스탄전에 두 번 참전했다.

가운데 윌리엄 왕자가 입고 있는 검은 프록코트는 고위 장교용이다. 맞은 편의 신사가 입고있는 것은 네이비블루의 프록코트. 우측에 경례를 하고 있는 이들은 근위병들로 길이를 짧게 개선한 프록코트를 입고 있다.(상)
제복에 프록코트를 입고 결혼식에 참석한 해리 왕자(좌)와 윌리엄(우) 왕자(하)

10

돌먼 소매
Dolman Sleeve

도르만이 아니고 돌먼

우리가 흔히 '도르만 소매' 혹은 '도르만 핏(스타일)'이라고 부르는 디자인이 있다. 'dolman'을 일본식으로 읽은 것인데 '돌먼 소매(핏, 스타일)'가 올바른 발음이다. 특이한 디자인 때문에 날다람쥐 소매, 가오리 소매라고 부르기도 한다. 외국에선 박쥐 소매라고 부르기도 하는 모양이다. 이 옷은 어디에서 유래했을까.

헝가리안 돌먼

'돌먼dolman'은 외투, 망토라는 뜻의 터키어에서 왔다. 중세 시대 터키의 술탄(왕), 이슬람 종교 지도자들은 화려하면서도 장엄한 미를 갖춘 예복, 법복

'돌먼 소매'라고 하면 대개 위와 같은 형태다.

을 입었는데 이는 곧 동유럽에 전파되었다.

특이한 것은 15세기경부터 동유럽 일대에 자리를 잡은 헝가리 경기병Hussar이 돌먼을 군복으로 입기 시작한 것이다. 이들은 왜 종교 지도자들이 입던 돌먼을 입었을까. 말 위에서 입고 다니기엔 무겁고 불편했을 텐데 말이다.

여기엔 두 가지 설이 있다. 첫째는 '신의 대리인' 설이다. 헝가리 경기병의 원류인 세르비아 용병들은 자신을 신의 대리인으로 여겼다. 단순히 전투를 하는 것이 아니라 신을 대신해 지상에 정의를 구현한다는 신념을 갖고 있었다.

그래서 동유럽 종교 지도자들 사이에 유행하던 복장을 입었다는 것이다.

둘째는 터키(당시는 오토만 제국) 기병을 도발하기 위해 그렇게 했다는 것이다. 당시 헝가리 용병은 터키군과 맞서 싸우고 있었다. 따라서 터키인들이 신성시 하는 터키 법복을 전장에 입고 나와 상대를 도발하기 위해 돌먼을 입었다는 것이다.

터키의 아흐메드 3세가 1715년을 전후로 입었던 돌먼

1550년경 돌먼을 입은 헝가리 경기병의 모습

돌먼의 진화. 짧고 화려하게

헝가리 경기병은 소규모로 팀을 이루어 적진을 정찰하거나 전투시 첨병으로 맨 앞에 나서는 임무를 맡았다. 그런데 이들이 입은 돌먼은 임무 수행에 전혀 도움이 되지 않았다. 어떤 이는 전투 도중에 돌먼을 짧게 잘라 입었다. 또 어떤 이는 돌먼을 한쪽 어깨에 반만 걸쳐 입었다. 이것이 시간이 지나면서 헝가리 경기병 사이에 일종의 유행이 됐다.

16세기. 돌먼을 입은 헝가리 경기병의 모습

짧게 자른 돌먼을 반만 걸쳐 입자 안쪽에 받쳐 입은 상의가 겉으로 드러났다. 헝가리 경기병은 여기에 금색, 은색의 노끈과 단추로 화려한 장식을 더했다. 전투가 거듭되면서 헝가리 경기병은 불굴과 용맹의 상징이 됐는데, 유명세에 맞는 화려한 치장을 하는 것은 당시 군대의 전통이기도 했다. 이렇게 탄생한 것이 앞 페이지 그림과 같은 '헝가리안 돌먼Hungarian Dolman'이다.

헝가리안 돌먼의 장식성은 점점 더해갔다. 19세기 경부터 금색, 은색의 노끈과 단추로 장식한 상의를 아틸라atilla로 구분하여 불렀다. 즉 화려한 장식의 상의는 아틸라, 한쪽 어깨에만 걸치는 망토는 돌먼이라고 불렀다.

아틸라(좌)와 아틸라에 돌먼을 걸친 모습(우)

유럽 각국 군대로 돌먼이 퍼져나가게 된 이유

유럽 각국은 헝가리 경기병을 본뜬 부대를 만들었다. 헝가리 경기병은 빠른 측후방 기동을 핵심으로 하는 새로운 전술을 사용했다. 마술馬術과 창검술이 뛰어난 정예 경기병이 측후방에 나타나 기습을 하면 적 전열을 쉽게 붕괴시킬 수 있었다.

경기병은 특히 강력한 프로이센, 프랑스 포병을 상대하는 데 적격이었다. 기동력이 뛰어난 경기병이 전선 측방을 우회하여 후방 진지를 기습하면 상대적으로 방어력이 약한 포병은 속수무책이었다. 그래서 강력한 포병을 유지할 만한 경제적, 기술력이 없던 18세기의 터키나 폴란드 군대는 경기병 확충과 다양한 전술 개발에 심혈을 기울였다.

프로이센과 프랑스도 경기병을 육성했다. 경기병을 상대할 수 있는 것은 그만큼 빠른 경기병이었기 때문이다. 19세기부터는 방어에 좀 더 치중한 중기병 Heavy Hussar/Husaria 등 다양한 기병이 유럽 전장을 누볐다.

이 과정에서 헝가리 경기병이 입던 돌먼도 유럽 전체로 퍼졌다. 화려한 돌먼을 입은 기병이 전선과 측후방을 누비면 적에게 세를 과시할 수 있었고 덩달아 아군의 사기도 올랐다. 19세기 돌먼이 점점 더 화려해진 이유다.

화려한 돌먼의 끝판왕, 프랑스 기병

19세기 돌먼의 화려함은 프랑스 기병에서 절정에 달했다. 프랑스 기병은 더할 나위 없이 화려한 장식을 더한 아틸라, 돌먼을 입었다.

그리고 언제부터인가 화려한 아틸라를 안에 받쳐 입고 또 하나의 아틸라를 돌먼처럼 한쪽 어깨에 걸쳐 입는 것이 유행하기 시작했다. 여기에서 끝나지 않고 겉에 걸쳐 입는 아틸라 안쪽에 모피를 대고 목과 소매 부근에 레이스로 장식을 하기 시작했다. 어떤 이는 이를 두고 플리스pelisse라고 불렀다. 플리스는 원래 여성용 보온 외투를 뜻했다.

이렇게 돌먼의 패션 형식은 아틸라 위에 플리스를 걸쳐 입는 것으로 자리 잡았다.

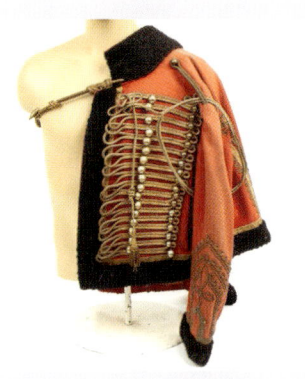

아틸라를 돌먼처럼 한쪽 어깨에만 입은 모습(좌), 뒤에서 본 모습(우)

나폴레옹 전쟁 시대에 프랑스 경기병이 입었던 아틸라 + 플리스 형태의 돌먼

나폴레옹 전쟁기, 화려한 돌먼을 입은 프랑스 제8경기병단

프랑스의 것을 본뜬 영국 기병의 돌먼

헝가리 경기병의 돌먼과 오늘날 돌먼 소매의 상관관계

아래의 사진들은 ①16세기 헝가리 경기병의 돌먼, ②19세기 프랑스 기병의 돌먼(아틸라 + 플리스), ③현재 아마존에서 판매하고 있는 돌먼 소매 디자인의 상의이다. 얼핏 봐서는 현재 우리가 '돌먼 소매(핏)' 혹은 '가오리 핏'이라고 부르는 옷과 별 상관이 없어 보인다.

① 헝가리 경기병 돌먼   ② 프랑스 기병 돌먼   ③ 현재의 돌먼 소매

시대별 다양한 돌먼의 모습

결론부터 말하자면, ②번의 프랑스 기병 돌먼과 ③번의 현재의 돌먼 사이에 연결 고리가 하나 필요하다. 그것은 19세기 말 미국 여성의 돌먼 외투(망토, 드레스)이다. 처음에는 다음 페이지 사진과 같이 프랑스에서 입던 여성용 플리스가 그대로 들어와 유행했을 것으로 추정된다.

그러나 화려한 장식이 달리거나 원색 원단을 사용한 복장은 여러 가지 측면에서 자제되었다. 영국의 청교도적 전통이 지배하는 미국 사회에서 검소를 능가하는 미덕은 없었기 때문이다. 여기에 더하여 1861년 발발한 남북전쟁이 여성의 패션 양식을 한층 더 실용으로 이끌었다. 참전한 남편을 대신하여 가장의 역할을 해야 했지만 그렇다고 여자가 남자처럼 바지를 입거나 아무 장식도 없는 셔츠를 입을 수 있는 시대는 아니었다. 그래서 선택된 것이 맨 아래 사진과 같은 망토형 돌먼이었다.

1870년대 미국 여성용 돌먼. 양질의 인도 숄로 만들어졌으며 화려한 프랑스 돌먼의 유행을 따르고 있다.

청교도적 전통과 전쟁의 영향으로 다소 검소하고 차분해진 망토형 돌먼

19세기 미국의 돌먼을 포함하여 그 변천을 일렬로 늘어놓으면 헝가리 돌먼으로부터 오늘날의 가오리 핏까지의 흐름이 무난히 한 눈에 들어온다.

19세기까지 돌먼의 변화

오늘날의 돌먼

11

텔냐쉬카와 마리니에르
Telnyashka & Marinière

러시아 군인의 속옷, 텔냐쉬카

텔냐쉬카telnyashka는 수평의 파란색 줄무늬가 있는 러시아군의 속옷 상의다. 우선 이 '속옷'의 개념을 살펴볼 필요가 있다. 서구 유럽 군대의 속옷이란 군복 속에 입는 기능성 셔츠다. 땀을 흡수하고 겉옷과의 마찰을 줄여준다. 또 다음 페이지의 사진처럼 '브이v' 자로 벌어진 앞섶을 가려주는 역할을 한다. 일본 자위대도 마찬가지다. 그런데 우리 군은 '속옷이 밖으로 드러나지 않도록 하라'고 규제한다. 아마 복장에 대한 문화 인식의 차이일 듯하다.

어쨌든 텔냐쉬카는, 오늘날 '러시아 해군' 혹은 '러시아 공수부대' 하면 흰 바탕에 푸른 줄무늬가 생각날 정도로 유명한 러시아군의 속옷이다. 러시아 해병대와 국경수비대 장병들도 입는데, 줄무늬의 색은 각각 다르다.

미 육해공군 등의 군복 착용 모습. 모두 앞섶으로 속옷이 보인다.

프랑스 선원들이 입던 웃옷, 마리니에르

텔냐쉬카는 19세기 브르타뉴 출신 프랑스 선원들이 입던 마리니에르 marinière에서 왔다. 브르타뉴 선원 중에서도 원양선을 탄 이들에게만 마리니에르를 입을 자격이 주어졌던 것으로 보인다. 따라서 마리니에르를 입었다는 것은 그가 원양 항해 경험이 있는 베테랑이라는 증거였다. 이는 나중에 원양 선단의 유니폼이 됐다.

마리니에르는 흰 바탕 위에 푸른 줄무늬가 들어간 면 소재의 긴팔 셔츠였다. 푸른 줄의 두께는 1센티미터, 줄 간 간격은 2센티미터가 표준이다. 목 부분은 헐거워야 했고 소매는 7부 길이로 겉옷 밖으로 나오면 안 되었다. 줄무늬가 들어간 이유에 대해서는 바다에 빠졌을 때 잘 보이도록 그렇게 했다, 눈에 잘 띄어서 선원들이 숨거나 도망치지 못하게 하기 위한 것이었다, 등 여러 설이 있다. 마리니에르는 19세기 중반부터 프랑스 해군의 정식 복장이 됐고 지금도 프랑스 해군은 마리니에르를 입는다.

1972년 프랑스 해군을 선내에서 촬영한 모습(좌), 오늘날의 프랑스 해군(하)

텔냐쉬카가 된 마리니에르

마리니에르가 러시아로 들어온 것은 19세기 말이다. 러시아에서는 이 옷을 텔냐쉬카로 불렀다. 텔냐쉬카는 러시아말로 '몸에 꼭 맞는 속옷(셔츠)'을 의미했다.

1874년 8월 19일, 러시아 황제 알렉산더 2세는 텔냐쉬카를 러시아 해군의 공식 복장으로 지정했다. (러시아에서는 이 날을 '텔냐쉬카의 날'로 기념하기도 한다.) 소재는 울과 면을 반반씩 섞은 것으로 했으며 푸른 줄의 두께는 1.1센티미터, 줄 간격은 4.4센티미터로 지정했다. 이는 오늘날 우리가 알고 있는 것과는 상당히 다른 디자인이었다. (줄 두께와 간격을 같게 한 디자인은 1912

년부터 적용됐다.)

　텔냐쉬카는 러시아 해군에서 해병대로 또 공수부대로 전해졌다. 해군에서 해병대가 나왔고, 공수부대를 창설할 때 해병대를 모체부대로 했기 때문이다. 러시아 군인들의 텔냐쉬카에 대한 자부심은 대단하다. 해병대의 경우 텔냐쉬카를 '바다의 영혼'으로 부르기도 한다. 마치 한국 해병대가 팔각모나 빨간 명찰을 해병대의 상징, 자부심이라 여기는 것과 마찬가지다.

　러시아 해군, 해병대, 공수부대 등의 텔냐쉬카는 서로 색이 다르다. 소매가 없는 하계용, 두꺼운 소재의 동계용을 비롯하여 여러 가지 디자인이 존재한다.

다양한 색의 텔냐쉬카

　아래의 그림은 러시아군의 텔냐쉬카를 색깔별로 구분한 것이다. 좌로부터 응급상황부(우리의 재난안전대책본부) 대응군(주황색), 해병대(진한 청색), 국경수비대(녹색), 공수부대(밝은 청색), 내무군 공수부대(진한 적색) 순이다.

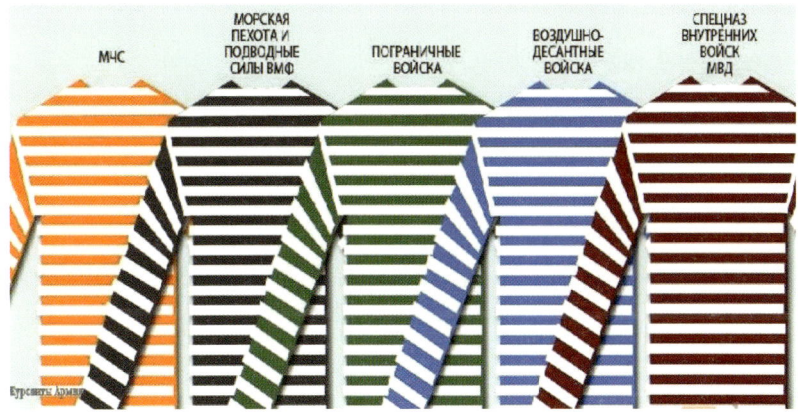

러시아군의 색깔별 텔냐쉬카

러시아 군인들이 입고 있는 여러 가지 색의 텔냐쉬카를 사진으로 비교해보면 다음과 같다.

1) 해군 : 청색

1917년 러시아 혁명에 참가한 해군의 모습(상), 오늘날의 해군(하)

2) 응급상황부 대응군 : 주황색

2015년 파란색 속옷을 입은 모습(좌), 2018년 주황색 텔냐쉬카를 입은 모습(우). 2018년에 응급상황부 대응군을 공수부대 수준으로 확대 개편하면서 복장도 바꾼 것으로 보인다.

3) 해병대 : 진한 청색

해병대(상), 푸틴 대통령으로부터 사열을 받고 있는 해병대의 모습(하)

4) 국경수비대 : 녹색

정모, 베레모, 텔냐쉬카
'깔맞춤'을 한 것이 특징이다.

5) 공수부대 : 밝은 청색

1968년 모스크바에서 촬영한 한 공수연대장의 사진(좌상), 1989년 소련 공수부대 사열 장면(우상)
오늘날의 러시아 공수부대(하)

6) 내무군 소속 공수부대 : 진한 적색

내무군 소속 공수부대

텔냐쉬카의 원류 마리니에르

프랑스 선원들이 입던 마리니에르는 1858년 프랑스 해군의 정식 복장이 됐다. 이것이 러시아로 넘어오면서 텔냐쉬카라고 불리게 됐고 1874년부터 러시아 해군의 정식 복장이 된 이래 현재는 러시아 해군, 해병대, 특수부대 등의 장병들이 입는 속옷이 됐다. 그런데 프랑스에 남아있던 마리니에르는 군대에 머물지 않고 세상으로 나와 상징적인 패션 아이템이 됐다. 용도도 속옷에서 겉옷으로 바뀌었다.

마리니에르의 변신에 가장 결정적인 역할을 한 것은 가브리엘 샤넬 Gabrielle Chanel이었다. 1917년 그녀는 바다 사나이들이 입던 마리니에르를 여성용 패션으로 재탄생시켰다. 이 옷은 브레튼 셔츠 Breton shirt라고도 불렸는데 마리니에르가 브르타뉴 지방의 선원들이 입던 속옷에서 유래했기 때문이었다. 샤넬의 뛰어난 감각과 사업 수완에 힘입어 1930년대부터 마리니에르는 여성용 고급 의상 haute couture ; 오트 쿠튀르 대접을 받았다.

마리니에르를 입은 가브리엘 샤넬

스타들이 사랑한 마리니에르

마리니에르의 세계적 유행을 선도한 이 중 하나로 프랑스 여배우 브리지트 바르도 Brigitte Bardot를 꼽을 수 있다. 그녀는 1956년 사진작가 윌리 리초 Willy Rizzo 와의 작업에서 마리니에르를 환상적으로 소화했다. 마리니에르의 장점은 뱃사람의 자유분방한 이미지와 해군의 절제미를 동시에 갖춘 것이었다. 성숙과 미숙의 여성미를 모두 갖고 있다고 평가받던 브리지트 바르도에게 마리니에르는 마치 유니폼처럼 안성맞춤이었다.

마리니에르를 입은 브리지트 바르도

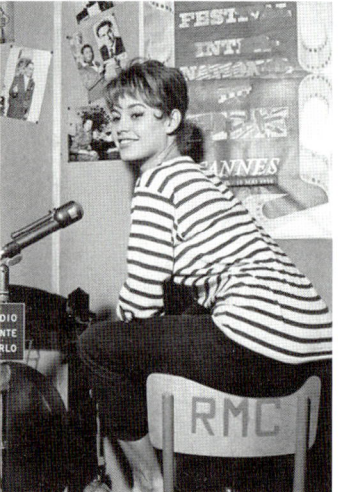

마리니에르를 입은 남자들

마리니에르는 남녀가 함께 입는 유니섹스unisex 패션의 선도 역할을 하기도 했다. '미국에 청바지가 있다면 프랑스엔 마리니에르가 있다'고 말해도 좋을 정도였다. 마리니에르를 애용한 남자 중 대표 격은 아마 피카소가 아닐까. 그는 평소 마리니에르를 즐겨 입었고 그의 세계적 명성만큼 마리니에르도 유명해졌다.

마리니에르를 입은 피카소

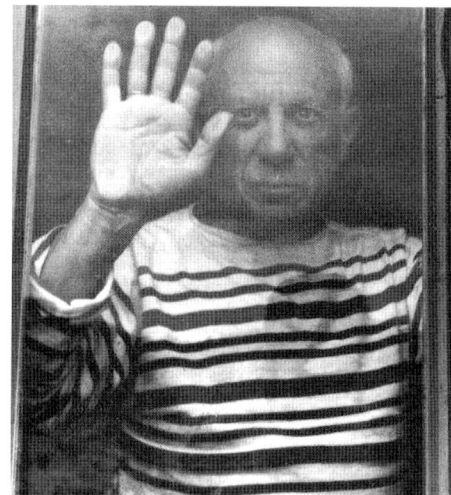

한편 패션 디자이너 장 폴 고티에Jean Paul Gaultier의 마리니에르 사랑은 특별하다. 그가 마리니에르를 패션 아이템으로 선보이기 시작한 것은 1983년이다. 그는 패션에 대한 고정관념을 깨기 위한 도구로, 또한 단순한 것의 아름다움을 드러내기 위한 수단으로 마리니에르를 사용했다. 마리니에르를 주제로 한 그의 컬렉션은 호평을 받았다. 그래서 '마리니에르를 패션으로 만든 것은 샤넬, 아이콘으로 만든 것은 피카소, 대중화한 것은 고티에'라고 평하곤 한다.

장 폴 고티에가 디자인한 다양한 마리니에르
우하단은 의자와 상의가 하나로 된 마리니에르를 주제로 한 디자인 작품이다.

12

조드퍼즈
Jodhpurs

인도 조드퍼 지방의 예복, 추리다르

    조드퍼즈jodhpurs는 승마 바지이다. 말을 탈 때 입는 기능성 복장으로 엉덩이와 허벅지 부분이 넓어 활동성과 통기성이 좋다. 허벅지 안쪽에는 천을 덧대어 말안장에 쓸리지 않도록 했고 무릎에서 발목까지는 끌리거나 걸리지 않게 통을 좁게 했다. 일본에서는 '조퍼스ジョッパーズ'라고 부르기도 한다. 무릎 아래가 아예 없는 것도 있는데 이것은 '승마 반바지riding breeches'라고 부른다. 승마 반바지를 입을 때는 목이 긴 부츠를 신거나 각반을 매 종아리를 보호한다.

    이 실용적이면서도 특이하게 생긴 바지는 인도 북중부의 도시 조드퍼Jodhpur에서 유래했다. 조드퍼에는 추리다르churidar라는 남녀 공용의 전통 예복이 있는데, 엉덩이와 허벅지 부분은 약간 넓고 무릎 부근부터는 통이 좁은 디자인이 특징이다. 아랫단을 길게 재단하여 남는 부분을 발목 부근에서 접어 주름 장식처럼 보이게 했다.

추리다르의 일반적인 형태(좌), 추리다르를 입은 인도 여인(우)

추리다르를 승마복으로

추리다르를 승마복으로 개량한 것은 조드퍼의 왕자였던 프라탑 싱Pratap Singh이었다. 그는 추리다르의 독특한 디자인이 말을 탈 때 매우 편하다는 것을 알고 자신의 폴로polo 경기팀 '조드퍼즈(조드퍼인들)'에게 추리다르 승마복을 입혔다. 이것이 1890년의 일이었다.

그로부터 7년 뒤인 1897년 추리다르 승마복은 영국 왕비의 즉위 기념행사에 데뷔했다. 프라탑 싱의 폴로팀이 경기장에 나타나자마자 모든 관심은 그들이 입은 바지에 쏠렸다. 영국인들은 실용성과 심미성을 함께 갖춘 이국적 패션에 반했다. 추리다르 승마복은 폴로팀의 이름을 따 '조드퍼즈'로 불리며 영국 전역에 큰 유행이 됐다.

1908년 조드퍼즈를 입은 폴로팀원들의 사진(상), 1939년 조드퍼즈를 입은 엘리자베스 2세(하)

폴로 경기장에서 전쟁터로

영국 기병대는 대번에 조드퍼즈의 군사적 효용을 알아봤다. 영국 기병대 장교들은 주문 제작한 조드퍼즈를 입고 제1차 세계대전 전장을 누볐다. 기병대 장교들 사이에 이는 곧 크게 유행했다. 기병대가 아니고 말 탈 일이 없어도 조드퍼즈를 입는 장교들이 늘어갔다. 당시 군복 소재는 신축성이 적고 통기성이 떨어졌기 때문에 불편한 점이 많았다. 반면 통이 넓고 헐렁한 조드퍼즈는 움직이기도 편하고 쾌적했다. 또한 멋도 있었다. 이때부터 '조드퍼즈 = 장교의 복장'이라는 공식이 성립했다.

제1차 세계대전기 영국 기병대 장교의 조드퍼즈. 좌측은 무릎 아래까지 오는 반바지 형태이고 우측은 발목까지 내려오는 긴바지 형태이다.(상). 조드퍼즈를 입은 장교들. 1930년대 영국 기병대로 추정(하)

제2차 세계대전과 독일군의 조드퍼즈

조드퍼즈가 병사들에게까지 처음 보급된 것은 제2차 세계대전기인 독일군인 것으로 보인다. 실용을 중시했던 독일군은 아프리카 등 열대 지역에 투입되는 장병에게 조드퍼즈 형태의 군복 바지를 지급했다. 그러나 실제의 형태를 보면 조드퍼즈와는 거리가 멀다는 것을 알 수 있다. 디자인에 변화를 주었다기보다는, 그냥 통을 크게 만들어 움직이기 편하고 땀 안 차게 한 것이었다.

독일군이 열대 지역 근무 병사에게 지급했던 군복 바지

제2차 세계대전의 두 영웅 패튼과 롬멜 장군의 조드퍼즈

군복으로서의 조드퍼즈를 가장 널리 알린 인물은 제2차 세계대전의 두 전차 영웅 패튼과 롬멜 장군일 것이다. 다음의 사진 왼쪽에서 두 번째 인물이 미국의 조지 패튼George Patton 장군이다. 다른 장군들과 달리 조드퍼즈에 부츠를 신고 있는 것을 알 수 있다.

패튼 장군은 기병대 출신이었다. 초급 장교 시절부터 조드퍼즈를 입었다. '승마를 광적으로 즐겨 전투복 바지 대신 승마복 바지를 입고 다녔다'는 세간의 설이 근거 없는 것은 아니지만 이 시절 기병대 장교들은 조드퍼즈를 개인 주문하여 입고 다녔다.

왼쪽부터 아이젠하워, 패튼, 브레들리, 하지 장군

전차 앞의 롬멜 장군

위 사진은 독일의 에르빈 롬멜 Erwin Rommel 장군이다. 조드퍼즈 스타일의 군복 바지와 긴 부츠를 신고 있는 것을 알 수 있다. 독일군은 1936년부터 장교들에게 조드퍼즈 스타일의 군복 바지를 지급했다.

1920년대 여성 패션은 샤넬로 통한다

조드퍼즈를 여성 패션으로 대중화시킨데 기여한 것은 가브리엘 샤넬이었다. 1900년대 초반까지만 해도 여성은 승마용 치마 드레스를 입고 말을 타곤 했다. 그러나 가브리엘 샤넬은 남성들이 입던 조드퍼즈를 입고 승마, 폴로, 사냥을 즐겼다. 그것은 당대 사회의 일대 충격이었다. 가브리엘 샤넬이 입은 승마

조드퍼즈를 입고 넥타이를 맨 가브리엘 샤넬(좌상), 영화에서 재현한 가브리엘 샤넬의 모습(우상)
가브리엘 샤넬 전(좌하)과 후(우하)의 여성 승마 복장 비교

당대 많은 여성들이 가브리엘 샤넬의 패션에 영향을 받았다.

복장(조드퍼즈 위에 흰 셔츠와 가죽 조끼)은 당시의 표현에 의하면 '혁명적 유행'이 됐다. 그녀의 영향으로 많은 당대 여성들이 조드퍼즈를 입고 말을 탔다.

아멜리아 에어하트와 조드퍼즈

미국 최초의 여성 항공조종사 아멜리아 에어하트 Amelia Earhart는 1932년 여성으로서는 최초로 대서양 횡단에 성공하면서 국민적 영웅이 됐다. 방송 언론에 나온 그녀의 패션 또한 주목을 받았는데 조드퍼즈를 입고 비행기 앞에 서 있는 모습은 많은 여성들에게 도전 정신을 불러 일으켰다.

1932년 대서양 횡단 비행을 마친 아멜리아 에어하트의 모습. 조드퍼즈 위에 점퍼를 입은 모습이 인상적이다.

'신여성'의 상징, 조드퍼즈

1920년대는 여성 패션의 변혁기였다. 여성 패션의 변화에 영향을 미친 것은 전쟁과 산업혁명이었다. 아버지와 형을 전쟁터에 보낸 가정에서 어머니는 가장의 역할을 해야 했고 남은 가족을 먹여 살리기 위해 공장에 다니는 경우가 많았다. 여성은 이전의 레이스, 치마, 코르셋, 패드 등 신체를 구속하는 패션으로부터 벗어나 실용적이고 활동적인 옷을 입기 시작했다.

조드퍼즈는 이런 변화와 맥을 같이 하면서도 새로운 변화의 붐을 일으켰다. 이 시절 조드퍼즈를 입는다는 것은 외부의 환경으로 인한 불가피한 선택이 아니라, 인식과 활동에서 비롯된 적극적 변화에 동참한다는 의미였다. 샤넬이나 에어하트 같은 인물이 선구적 역할을 했다.

13

치노 팬츠
Chino Pants

'치노'는 스페인어로 '중국'이란 뜻

'면바지' 하면 우리의 머릿속에 공통적으로 떠오르는 이미지가 있다. 그것은 대개 아래의 사진과 같을 것이다.

다양한 색상과 디자인의 치노 팬츠

앞의 사진 속 바지의 총칭은 '면바지'가 아니라 '치노 팬츠chino pants'이다. 치노 팬츠의 사전적 의미는 '염색한 능직 면바지'이다.

원래 '치노'는 스페인어로 '중국'이란 뜻이다. 기원전 3세기의 통일국 진秦을 뜻하는 '친Ch'in'에서 왔다. 어원을 따라가 보면 라틴어의 '사이노Sino', 산스크리스트어의 '시내Sinae'도 만날 수 있다.

그렇다면 왜 '염색한 능직 면바지'를 치노 팬츠, 즉 중국 바지라고 부르는 것일까.

필리핀 주둔 미 육군의 작업복 바지

1898년 스페인 전쟁에서 승리한 미군은 스페인으로부터 필리핀을 할양 받았다. 미 육군은 곧 필리핀에 상륙했다. 필리핀 국민은 오래 전부터 스페인을 상대로 독립 투쟁을 해왔다. 필리핀 독립군은 상륙한 미 육군과 교전을 벌였다. 그러나 중과부적이어서 1913년경에는 미 육군이 필리핀을 안정적으로 점령하게 되었다.

필리핀에 상륙한 미 육군을 힘들게 했던 것 중 하나는 고온 다습한 날씨였다. 여름철 온도는 섭씨 33도, 우기는 연중 약 7개월에 달했다. 국면이 전환되어 주둔이 장기화될 것으로 본 미 육군은 필리핀 환경에 적합한 장비와 물자를 보급하기로 했다. 그중 하나가 면직물로 만든 통 큰 작업복이다.

미 육군은 작업복 제작을 위해 중국으로부터 면직물을 대량 매입했다. 중국산 면직물로 만든 새 작업복은 통기성 좋고 땀 흡수가 잘 됐다. 시제품을 입어본 장병의 반응은 기대를 훨씬 웃돌았다. 마침 매입한 면직물이 능직으로 짠 것이어서 시원하고 편한 데다가, 부드럽고 신축성까지 있었기 때문이다.

능직의 기능성

직물을 짜는 대표적인 방법 세 가지로 평직平織, 능직綾織, 수자직繡子織이 있다. 평직은 씨줄과 날줄을 한 줄씩 교차시켜 짜는 것이다. 능직은 씨줄과 날줄을 두 줄 이상 교차시켜가며 짠다. 수자직은 씨줄과 날줄을 네 줄 이상 교차시켜 짜는 것이다.

그중 능직으로 짠 직물은 튼튼한 평직과 부드러운 수자직의 장점을 골고루 갖추게 된다. 외형적 특징은 비스듬한 사선 문양이 보이는 것이다. 그래서 사문직斜紋織이라고도 부르는데 아래의 그림, 사진을 보면 이해가 빠를 것이다.

능직의 이미지. 오른쪽에서처럼 두 줄 이상 넘어서 씨줄과 날줄이 교차하기 때문에 직물의 무늬가 사선을 이룬다.

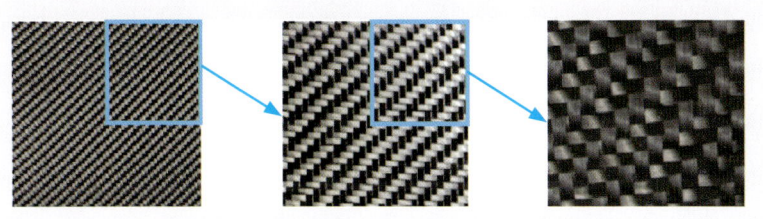

능직 직물의 확대도

왜 중국 바지라고 불렀을까?

어쨌든, 질기고 두꺼운 군복 바지를 입다가 능직 면으로 된 바지를 입었으니 얼마나 시원하고 편했겠는가. 필리핀 주둔 미 육군은 당시 막 유행하기 시작하던 카키khaki색으로 작업복을 염색하여 전 장병에게 보급했다.

그래도 여전히 남는 질문이 있다. 중국에서 가져온 면직물로 바지를 만들었다고는 해도 왜 그것을 '중국 바지'라고 불렀던 것일까. 파키스탄에서 수입한 양모로 코트를 만든다고 해서 '파키스탄 코트'라고 부르지는 않는데 말이다.

아마 새 작업복 바지를 지급 받은 병사들이 나눈 다음과 같은 대화를 통해서 이름이 그렇게 굳었던 것은 아닐까?

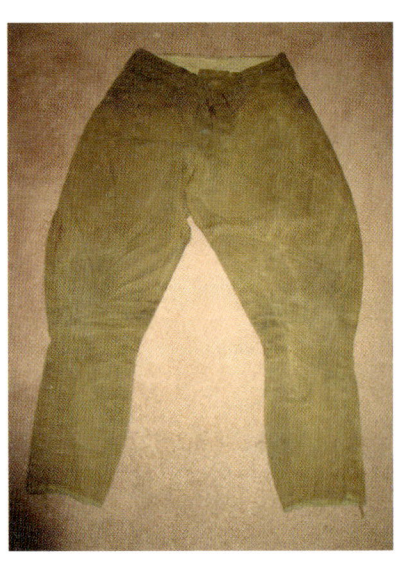 

1917년에 미 육군에 보급된 치노 팬츠 실물

(필리핀 주둔 미 육군 병사가 작업을 하다 말고) "어이, 찰리 상병. 우리가 입고 있는 이 작업복, 엄청 시원한데 이거 무슨 바지인 줄 알아?"

"글쎄. 나도 잘 모르겠는데? 그런데 나눠줄 때 보급관이 '치노' 뭐라고 하는 것 같긴 했어…"

"치노? 그거 스페인말로 '중국'이라는 뜻이잖아. 이게 아마 중국 바지(치노 팬츠)인가 보네?"

"아, 어쩐지 좀 다르다 했더니 이거 중국 바지였구나…"

필리핀에서 돌아온 치노 팬츠

열대 필리핀에서 군복무를 마친 미군 장병들은 치노 팬츠를 가지고 집으로 돌아왔다. 이들은 치노 팬츠를 입고 1940년대 중반의 미국 직장, 더러는 복학한 학교를 누볐다. 신축성 있고 구김성 적으며 튼튼하기도 한 치노 팬츠는 실내와 실외, 학교와 작업장을 막론하고 잘 어울렸으며 유용했다.

1950년대에 치노 팬츠는 '슬랙스 slacks'라고 불렸다. '편하게 막 입고 다니는 바지'라는 뜻인데 우리말로 하면 '막 바지' 정도 될 것 같다. 동네 어른들이 "요즘 애들은 왜 저렇게 '막 바지'를 입고 다니죠?"라고 말하며 혀를 차는 그런 장면을 떠올리면 된다. 이때까지도 학교에 청바지를 입고 오는 것은 허용되지 않았으므로, 아무 데나 앉고 뒹구는 남자 아이들에게 입히기에 이 '막 바지'만한 것이 없었다.

치노 팬츠와 스티브 맥퀸, 알버트 아인슈타인

스티브 맥퀸Steve McQueen은 치노 팬츠를 유행시키는데 지대한 공헌을 했다. 해병대에 복무했던 그는 전역 후 배우가 됐고 1950년대 중반부터 남성성 풀풀 풍기는 역으로 필모그래피를 꽉 채우기 시작했다. 매력 넘치는 배역만큼이나 그의 일상도 대중에게는 흠모의 대상이 됐는데 특히 무신경한 듯 입고 다니던 치노 팬츠는 곧 당대 남성들의 패션 아이템이 됐다.

영화, 화보, 일상에서 다양한 방식으로 치노 팬츠를 소화한 스티브 맥퀸

전하는 바에 따르면, 알버트 아인슈타인Albert Einstein도 치노 팬츠를 애용했다고 한다. '격식 따지는 것을 싫어하지만 격식 있는 자리에 늘 나가야 하는' 유명 인사였기 때문이다. 주름을 잡아 다린 치노 팬츠 위에 양복을 걸치고 나가면 적어도 예의를 차리지 않았다는 수군거림은 피할 수 있었을 것이다.

그런데 덧붙이자면, 아인슈타인이 치노 팬츠를 입은 사진은 찾기 쉽지 않다. 양복 정장이나 울로 된 바지를 입은 사진이 있을 뿐이다. 일상에서 찍었을 법한 인터뷰 사진들은 전부 상반신 컷뿐이어서 그가 어떤 바지를 입었는지 알 수 없다. 왜일까?

국가를 막론하고 학생 장래희망 1순위가 '과학자'였던 당대에 아인슈타인의 일거수일투족은 전 세계인에게 큰 영향을 미쳤다. 그의 패션도 마찬가지였을 테지만, 아래 사진을 통해 알 수 있는 것처럼 아인슈타인의 패션 감각은 꽝이었다. 학생들의 '롤 모델'이 되어야 할 그가 반바지에 여성용 샌들을 신거나 울 양복바지에 양말 없이 털 슬리퍼를 신은 모습을 신문이나 방송에 내보낼 순 없었다. 치노 팬츠도 마찬가지였을 것이다. 세계 지성의 정상에 있는 인물이 '막바지'로 불리는 치노 팬츠를 입고 강의를 하거나 연구를 하는 모습을 대중에게 전할 수 있을 만한 시대가 아니었다.

치노 팬츠를 입고 있는 아인슈타인(좌)
아인슈타인의 패션 센스는 좋지 않았.
아래쪽으로 내려갈수록 재앙에 가까웠다.(중, 우)

무난하고 편한 올라운드 플레이어, 치노 팬츠

 오늘날, 남성용 바지 중 가장 많이 팔리는 것이 치노 팬츠다. 미국 캐주얼웨어 3대 브랜드인 다커스Dockers, 브룩스 브라더스, 갭Gap의 홈페이지 초기 화면에는 전부 치노 팬츠가 등장한다. 치노 팬츠가 이처럼 인기 있는 이유는 이 옷이 캐주얼이면서도 정장 느낌을 갖고 있기 때문이다. 친구들끼리 만나는 편한 자리에 티셔츠와 함께 입고 나가도 되고, 업무상 회의가 있는 곳에 정장 상의와 함께 입고 나가도 무난하다.
 이 '무난함'의 이미지를 잘 활용한 이 중 하나는 소설가 무라카미 하루키이다. 그의 소설에 등장하는 남자 주인공들의 공통점 중 하나는 '어디에나 있을 법한 평범한 중년'이다. 특별히 내세울 것은 없지만 어디 가서 못났다는 소린 듣지 않을 정도의 인물들. 문화적 취향도 나쁘지 않고 요리도 제법 하지만 특출하지는 않다. 이런 무난한 남자의 상태를 묘사하는 장치 중 하나가 카키색 혹은 네이비 블루의 치노 팬츠다.
 그러고 보니, 장맛비 내리는 토요일 도심 변두리 커피숍에서 이 원고를 쓰고 있는 나도 옅은 회색의 치노 팬츠를 입고 있다.

CASUAL ←――――――――――――――→ FORMAL

치노 팬츠는 어느 자리에나 입고 나가도 무난하다.

14

카고 팬츠
Cargo Pants

공사장 작업복? 군복 바지?

우리가 흔히 '작업복'이라고 부르는 바지가 있다. 질긴 소재로 만든 일자 형태의 통 넓은 바지로, 허벅지 바깥쪽에 큰 주머니가 달린 것이 특징이다. 이런 바지를 가장 많이 볼 수 있는 곳은 어디일까? 군대와 공사장이다.

'과연 그게 어떤 바지를 말하는 걸까' 하고 생각하는 분들이라도 아래의 그림을 보면 '아, 저 바지!' 하고 대번에 알아차릴 것이다. 군인들이 입는 군복 바지이고 공사장에서 인부들이 입는 작업복이다. 이런 종류의 바지를 통칭 카고 팬츠cargo pants라고 부른다. 'cargo'는 '화물, 짐, 짐칸' 등의 뜻이 있으므로 '짐을 나를 때 입는 바지'라는 뜻이다.

다양한 디자인과 색상으로 판매되고 있는 카고 팬츠. 인터넷에 군복바지, 작업복이라고 검색해도 같은 결과가 나온다.

영국에서 미국으로, 카고 팬츠의 진화

1) 1937년형 전투복

카고 팬츠의 유래는 1938년 영국 육군으로 거슬러 올라간다. 이전까지 영국군 군복은 부대마다 디자인이 약간씩 달랐고 전투복과 근무복을 겸할 수 있는 용도였다. 이에 영국 전쟁부는 1930년대 초부터 단일한 디자인, 단일 목적의 전투복을 군에 보급하기로 하고, 1938년부터 일명 '1937년형 전투복1937 Pattern'을 내놓았다.

'1937년형 전투복'은 아래의 사진처럼 상의 가슴에는 두 개의 큰 주머니가, 하의에는 두 개의 비대칭 주머니가 있는 것이 특징이었다. 바지 우측 작은 주머니는 골반 근처에 있었는데 여기에는 응급처치용 붕대 따위를 넣고, 좌측 큰 주머니는 허벅지에 있었는데 군용 지도 등 부피가 큰 물건을 넣도록 되어 있었다.

1937년형 전투복을 복원한 모습

1937년형 전투복을 착용한 제2차 세계대전기 영국군 병사의 모습

2) M1942 점프 슈트

한편 1940년대 미 육군은 적지나 중요 지역에 낙하하여 투입되는 공정부대 paratroops를 위한 별도의 전투복을 개발했다. 그중 가장 유명한 것은 'M1942 점프 슈트'다. 원래는 위아래 일체형으로 개발했다가 지상 활동에 편하도록 분리했다. 디자인에 참고한 모델은 영국의 '1937년형 전투복'이었는데 외형상의 뚜렷한 차이점은, 커지고 많아진 주머니였다. 특히 허벅지 좌우측의 큰 옆 주머니는 휴대, 부수 물자를 넣고 다니기에 딱 좋았다.

제2차 세계대전기 미 공정부대가 입던 M1942 점프 슈트를 재현하여 제작한 모습

3) M1951 야전하의

'M1951 야전하의'는 1951년 미 육군이 개발한 동계 전투복으로 기존의 전투복 바지보다 두껍고 튼튼했으며 그 위에 바람막이를 겹쳐 입을 수 있었다. 각 부위에는 끈, 단추, 구멍들이 배치되어 있어서 필요에 따라 다양하게 묶고 조일 수 있었다. 'M1951 야전하의'의 허벅지에 달린 주머니에도 끈이 있었는데 그 목적은 무거운 물건을 넣었을 때 주머니가 처지지 않게 하기 위한 것이었다. (끈을 밖으로 빼서 허리띠나 상의에 묶는 것이 요령이었다.) 실제로 이 끈을 사용하는 경우는 거의 없었지만 두껍고 튼튼한 이 옷은 겨울철 야외 작업을 할 때 아주 유용했다.

1951년을 전후해서 허벅지 양쪽 큰 주머니를 '카고 포켓cargo pockets'이라고 부르기 시작했고 자연스럽게 군복 바지도 '카고 팬츠'로 불렀다.

M1951의 카고 포켓과 끈

우리는 왜 건빵 주머니, 건빵 바지라고 부를까

한편, 카고 포켓을 '건빵 주머니'라고도 부르는데 이것은 한국 육군에서 유래된 것이다. 6.25전쟁기 장병들에게 배급된 미숫가루와 건빵은 배식을 제외하면 유일한 먹을 거리였다. 미숫가루는 휴대하기 어려웠으므로 장병들은 건빵을 상의나 바지 주머니에 넣어 다니다가 먹곤 했다. 이 건빵을 넣기 딱 좋은 곳이 바로 카고 포켓이었다. 이것이 건빵 주머니 호칭의 유래다. 건빵 주머니라는 명칭이 입에 익자 나중엔 바지도 '건빵 바지'라고 부르게 됐다.

군대에서 보급했던 군용 건빵. 부피는 성인의 손 두 개를 합친 것 정도였다.

카고 팬츠의 기능별 분화

오늘날 '카고 팬츠'는 질긴 소재, 넓은 통, 큰 주머니의 3요소를 갖춘 바지류를 통칭한다. 영국 육군의 '1937년형 전투복'에서 유래한 이래, 카고 팬츠는 군대 외에도 경찰과 병원의 두 영역에서 고유의 기능과 디자인으로 재탄생했다.

1) 기능성을 극대화한 택티컬 팬츠

택티컬 팬츠tactical pants는 우리말로 하면 '전술 바지'쯤 되겠다. 현장에서 특수 임무를 수행하는 경찰진압팀(SAWT), 특수부대, 민간전쟁회사, 특수요원(FBI, CIA) 등이 입는 바지다. 다양한 상황에서 여러 가지 임무를 수행할 수 있도록 무기 및 장비의 휴대성을 높인 것이 가장 큰 특징인데 이를 몇 가지 소개하자면 다음과 같다.

앞주머니는 큰 동작을 해도 물건이 빠지지 않도록 일반적인 것보다 깊다. 뒷주머니는 통상 여분의 탄창을 넣을 수 있도록 안쪽에 이중 주머니가 있다. 카고 포켓 옆이나 바깥쪽에 스마트폰이나 탄창을 넣을 수 있는 개량형 옆 주머니가 있다. 허리 부근에 단검류를 넣을 수 있는 주머니가 있는 경우도 있다. 무릎보호대를 넣고 뺄 수 있는 주머니가 무릎 앞에 마련되어 있다.

택티컬 팬츠를 착용한 민간용병들의 모습. 미군과 함께 작전을 수행하는 모습(상, 2004년 이라크), 정부 주요 인사를 경호하는 모습(하, 2012년 아프가니스탄)

2) 주머니를 위한 주머니에 의한, 응급구조사 팬츠

응급구조사 Emergency Medical Services/Emergency Medical Technicians는 초기 조치가 필요한 가벼운 사건에서부터 생사가 오락가락하는 재해에 이르기까지 다양한 상황에서 활동한다. 그곳은 어린이 놀이터일 수도 있고 총탄이 날아오는 재난 현장일 수도 있다. 따라서 응급구조사 팬츠는 여러 상황에 필요한 다양한 도구를 휴대할 수 있는 기능성, 험난한 환경에 유연하게 대처할 수 있는 내구성과 활동성을 갖추고 있다.

응급구조사 팬츠는 다음 사진에서 보는 것과 같이 가위, 칼, 테이프, 핀셋, 소형 전등처럼 비교적 작은 도구를 휴대할 수 있는 작은 주머니가 많은 것이 특징이다.

다양한 의료 도구를 주머니에 수납한 응급구조사 팬츠

런웨이 위의 카고 팬츠 vs 전장의 카고 팬츠

카고 팬츠는 활동하기 편하고 땀 흡수력과 통기성도 뛰어나다. 이런 이유로 남성들이 즐겨 입는 생활 패션으로도 자리 잡았다. 그러나 카고 팬츠의 특수한 기능성은 일상에서 별 효용이 없는 경우가 많다. 따라서 그 호불호가 극명히 갈린다. 마초적 매력이 있는 남성 전유의 패션으로 대접받을 때도 있지만, 반대로 저절로 눈살 찌푸려지게 하는 패션 테러의 대명사로 비난받기도 한다. 세계 유명 패션지에 정기적으로 '카고 팬츠 잘 입는 법' 같은 컨텐츠가 등장하지만, 동시에 '남성들이여, 카고 팬츠를 입지 말라'는 칼럼도 자주 보인다.

그런데 이 카고 팬츠가 남성만의 전유물일까 하고 생각해보면 꼭 그런 것은 아니다. 오늘날 국방과 치안에 종사하는 전 세계 수많은 여성들이 카고 팬츠를 입고 전후방 각지에 근무한다. 아래의 사진은 이스라엘 여군들이 군복을 입고 행군하는 모습이다.

행군 중인 이스라엘 장병들. 맨 앞에 가는 여군들이 눈에 들어온다.

한편, 여성의 이미지에 맞게 재해석된 카고 팬츠는 기존의 마초적인 것과는 또 다른 매력을 보여준다. 아래 사진은 카고 팬츠를 주제로 한 패션쇼의 일부인데 기능적인 관점에서만 보던 넓은 통과 커다란 카고 포켓에서 심미적인 아름다움을 찾을 수 있어 흥미롭다.

2016년 가을 시즌 한 패션쇼에 등장한 카고 팬츠(상), 여성 패션으로 출시된 카고 팬츠(하)

15

벨보텀스
Bell-Bottoms

가수 싸이의 비장의 무기 〈나팔바지〉

지난 2012년 가수 싸이는 〈강남스타일〉 한 곡으로 자신의 이름을 세계에 알렸다. 〈강남스타일〉은 전 세계적으로 말춤 신드롬을 불러일으키면서 유튜브 누적 조회수 신기록을 갈아치웠다. 싸이는 미국과 영국 등의 토크쇼에 메인 게스트로 나갔고 세계 순회공연을 했다. 이후로도 〈젠틀맨〉(2013), 〈행오버〉(2014), 〈대디〉(2105)처럼 세계를 겨냥한 곡을 내놓았는데 〈강남스타일〉처럼 대히트를 하진 못했지만 빌보드 차트 상위권에 연속으로 진입하는 데 성공했다.

이와 같은 성공을 바탕으로 2015년, 싸이는 국내 팬들을 겨냥한 곡을 내놓았는데 그것이 〈나팔바지〉였다. 뮤직비디오를 보면 모두가 나팔바지를 입고 나와서 춤을 춘다. 한 인터뷰에서 그는 나팔바지가 세계 누구나 알고 있는 상징이며 특히 한국인에게 70, 80년대의 디스코 향수를 불러일으킬 것이라고 했다.

싸이 〈나팔바지〉 뮤직비디오 중에서

나팔바지? 벨보텀스?

우리는 나팔바지라고 부르지만 서양에서 유래한 원래 명칭은 벨보텀스bell-bottoms이다. 바지의 위가 좁고 아래가 넓은 것이 종 모양이라고 해서 그렇게 부른 것이다. 그렇다면 우리는 벨보텀스를 언제, 누가 나팔바지라고 부르기 시작했을까.

언제부터 우리가 '나팔바지'라는 단어를 썼는지 명확한 근거는 남아있지 않다. 다만 동아일보 1931년 9월 2일자에 실린 조용만의 단편소설 《방황》에 보면 "그러자 저쪽 테-불에서 이리 향해서 오리거름 처오는 나팔바지 '똔-팡'이로사"라는 문장이 나온다. 이것이 아마 공공지면에 '나팔바지'라는 단어가 처음 등장한 사례가 아닐까 한다.

그런데 당시 각종 패션 명칭은 대부분 일본을 거쳐 와세이에이고和製英語, 즉 일본식 발음의 영어로 들어왔다. 이를테면 마후라(머플러muffler), 레자(레더leather), 잠바(점퍼jumper)처럼 말이다. 따라서 벨보텀스도 이미 일본에서

부르던 것처럼 '베루바토무 ベルボトム'로 들어올 가능성이 컸는데 그러지 않았다. 시대상황을 고려해보면 특이한 현상이었다. 아마도 소설가 조용만 혹은 다른 문학인이 '나팔바지'란 단어를 만들어 쓰자 어감이 좋아 널리 퍼진 것이 아닐까 한다.

프로젝트 런웨이 코리아 특별편(2012)에서 한 연기자(좌측)가 만들어 입고 나온 것이 전형적인 벨보텀스, 즉 나팔바지였다.

대영제국 해군 제복 넘버-원

나팔바지, 즉 벨보텀스의 유래는 항해 시대가 열린 16세기 영국으로 거슬러 올라간다. 당시 선원들은 크고 헐렁한 슬롭 slop이라고 부르는 바지를 입었다. 품이 넓고 헐렁하여 움직이기 편하고 걷어입기 좋은 옷이었다. 바닷물 가득한 갑판이라는 작업환경에 최적화된 복장이었다. 시대가 흘러 대영제국 해군이 고유의 제복을 고안하여 입기 시작한 17세기 말, 18세기에도 해군 병사들은 여전히 슬롭을 입었다. 통이 좁고 뻣뻣한 제복 형태의 옷을 입고서는 갑판 일을 할 수 없었기 때문이다.

그러다가 1857년 대영제국 해군은 모델명 넘버-원No. 1이라는 제복을 만들어 보급했는데 이때 하의에 적용한 것이 슬롭의 장점을 차용한 벨보텀스 디자인이었다.

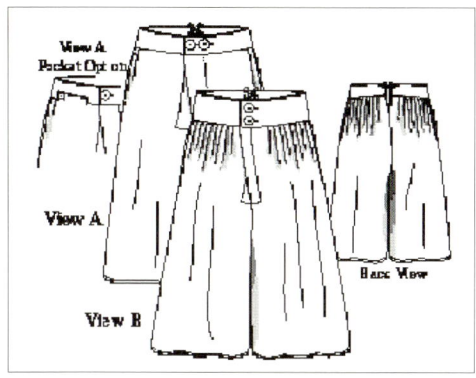

18세기 말에서 19세기 초까지 승선원들이 입었던 슬롭의 디자인(상)
1920년대 벨보텀스를 입은 영국 해군 병사(하)

1945년 가장 많이 팔린 음반이었던 모 제프의 《벨보텀스 트라우저》

1960, 1970년대는 벨보텀스의 시대

해군의 벨보텀스가 패션계로 넘어와 유행하기 시작한 것은 1960년대부터다. 영국과 프랑스에서 몇몇 선구적 디자이너들이 해군 제복을 재해석한 여성용 패션을 내놓았던 것이다. 오른쪽 위 사진이 대표적인 사례다.

물론 이전에도 벨보텀스와 형태가 유사한 디자인이 대유행한 적이 있다. 바로 1930, 1940년대의 팔라초 팬츠 palazzo pants다. '팔라초'는 '궁전'이란 뜻인데 이는 팔라초 팬츠의 스타일이 그만큼 화려하다는 뜻이었다. 벨보텀스가 무릎 아래에서부터 넓어지는 형태인데 반해 팔라초 팬츠는 허리에서부터 바로 시작해서 밑단까지 통이 넓게 내려왔다. 심한 경우는 한쪽 다리의 통이 치마보다 넓었다.

1960년대 유럽의 전형적인 벨보텀스. 메리 퀀트의 작품

1940년대의 팔라초 팬츠

1960년대 초 유럽의 벨보텀스는 소수 멋쟁이들의 전유물이었다. 그러다가 벨보텀스는 1967년 미국의 한 히피 저항운동과 만나면서 대유행의 조짐을 보인다. 이 모임에서 참석자의 일부가 벨보텀스를 입은 것이 깊은 인상을 남기면서 너도나도 이 옷을 입기 시작한 것이다. 애초에 히피의 벨보텀스 착용은 군인의 총에 꽃을 꽂는 유의 반전 퍼포먼스였다. 폭력과 억압 반대의 상징으로 해군 벨보텀스 제복을 구해서 여기에 갖가지 컬러와 꽃 장식을 한 것이 시작이었다.

1960년대 말, 히피들의 전형적인 복장들 화려한 벨보텀스가 눈에 띈다.

벨보텀스를 젊음의 패션으로 유행시킨 제1의 공헌자는 소니 앤 셰어Sonny & Cher라는 남녀 듀오였다. 누계 4천만 장의 앨범을 판매한 이들은 1960년대부터 줄기차게 텔레비전 쇼와 공연에 벨보텀스를 입고 나와서 이 패션이 유럽과 미국에 동시 유행하는 데 큰 역할을 했다. 나중에는 벨보텀스 광풍 bell bottom pants craze이라는 신조어까지 만들어냈다.

벨보텀스는 1970년대 문화를 언급할 때 항상 등장한다. 영국 가디언지의 2015년 4월 8일 자 기사는 1970년대 패션을 세 단어로 말하자면 '나일론, 페이즐리(깃털이 휘어진 모양의 기하학적 무늬), 벨보텀스'라고 했다.

소니 앤 셰어가 입고 나왔던 수많은 벨보텀스 중 몇 가지

1974년. 그룹 아바. 모두 벨보텀스를 입고 있다.

디스코와 벨보텀스

벨보텀스 하면 함께 떠오르는 것 중 하나가 디스코다. '왜 벨보텀스 하면 디스코가 떠오를까?' 하고 생각해보면 대부분 다음의 그림을 떠올리지 않을까? 1977년, 존 트라볼타 John Travolta가 주연으로 나온 《토요일 밤의 열기》 포스터다. 이 영화의 흥행으로 디스코는 단번에 주류 문화로 올라섰는데 존 트라볼타가 입고 나온 패션도 마찬가지였다. 초기 벨보텀스가 화려하고 풍성한 여성적 이미지였다면 아래 사진에서 보는 것처럼 디스코 벨보텀스는 쭉 뻗은 바지선에 굽 높은 쿠바구두 Cuban heel shoes를 매치하여 남성에게도 충분히 어울린다는 것을 보여주었다.

《토요일 밤의 열기》 중의 한 장면

해군에서는 사라진 벨보텀스

한편 다시 해군으로 돌아와 보면, 이제 벨보텀스는 박물관 혹은 군대의 대형 퍼레이드에서나 볼 수 있는 과거의 유물이다. 영국 해군은 1994년 한 차례 해군 병사의 벨보텀스 제복을 육군, 공군과 같은 일자바지로 바꾸려고 시도했다. 밑으로 내려올수록 넓어지는 바지가 해군의 전통이라고는 하나, 완전히 달라진 선상 근무 환경으로 인해 실용성이 떨어졌고 무엇보다 제작 비용이 많이 들었기 때문이다. 참고로, 영국 해군 병사의 제복 바지는 1977년에 한 차례 개선을 거쳐 기존보다 폭이 좁은 부츠-컷boot cut 혹은 플레어바지flared trouser 형태로 바뀐 상태였다.

그러나 제복을 개량하려는 영국 해군의 시도는 반대에 부딪혔다. 전통주의자들은 1857년부터 입은 벨보텀스를 비용 문제 때문에 없애는 것은 말도 안 된다고 했다. 이에 영국 해군은 신형 군복바지(일자형)를 일부 부대에 시험 적용해본 뒤 다시 결정하겠다며 일단 물러섰다. 시험 적용은 3년 동안 진행됐는데 일자형 바지를 입어본 병사들은 이것이 기존 벨보텀스 제복보다 움직이기도 관리하기도 편하다며 좋아했다. 따라서 1997년부터 영국 해군 병사들은 개량된 일자형 바지를 보급 받았다. 영국 해군 복장은 이후 몇 번의 개선을 더 거쳐 오른쪽처럼 바뀌었다.

영국 해군의 선상 근무복. 좌측이 병사, 우측이 장교

16

웰링턴 부츠
Wellington Boots

영국 총리의 이름을 딴 부츠

웰링턴 부츠는 19세기의 인물 아서 웰즐리Arthur Wellesley의 고안품이다. 아서 웰즐리가 누구인가. 나폴레옹을 상대로 워털루 전쟁에서 승리를 거둔 바로 그 연합군 총사령관 아서 웰즐리다. 그는 이 승리로 초대 웰링턴 공작 Duke of Wellington이 됐고 후일 영국 총리 자리에까지 올랐다. 총리가 된 사나이 초대 웰링턴 공작 아서 웰즐리. 그는 왜 이런 부츠를 만들었을까.

18세기 말, 영국 육군은 당대 유럽 군대가 그랬던 것처럼 프러시아군의 복장을 본뜬 제식을 갖췄다. (프러시아군은 당대 유럽 최강의 군대였으며 이 전통은 후일 독일제국군으로 이어졌다.) 우리말로는 '독일 부츠'쯤으로 부를 수 있는 헤시안 부츠 Hessian boots도 그중 하나였다. 이 부츠를 신기 시작한 것은 미국 독립전쟁 때부터였다. 당시 영국군에 고용되어 함께 싸웠던 프러시아군 출신 용병들이 이것을 신고 있었다. 이를 본 영국군은 그 멋과 실용성에 매료됐다. 이전까지 영국군은 일반적인 형태의 가죽 구두를 신고 있었다. 구두 속으로 흙이나 이물질이 들어가기 일쑤였고 비가 오는 날 진흙탕에 들어가면 신발을 잃어버리기도 했다. 또한 구두로는 부상을 자주 입는 부위인 정강이나 발목을 보호할 수 없었다. 미국 독립전쟁이 끝난 후 영국 장교들은 너도나도 헤시안 부츠를 하나씩 구입하여 애용했고 이는 제식 복장처럼 되어 버렸다. (당시 군복은 지급되는 것이 아니라 개인이 지정된 곳에서 구입하여 입었다.)

18세기 영국군이 신던 가죽 구두

점점 화려해지고 비싸지는 '영국식 헤시안 부츠'

헤시안 부츠는 독일 특유의 멋과 실용성이 어우러진 제품이었다. 정강이 위까지 올라오는 부츠의 목은 약한 정강이나 종아리의 부상을 막아주었다. 구두 코는 일반 구두보다 뾰족하여 말을 탈 때 등자에 발을 넣고 빼기 쉬웠다. 그러면서 동시에 뒷굽을 넓고 낮게 만들어 도보 이동에도 편했다.

그런데 시간이 지나면서 귀족 출신의 영국 장교들은 헤시안 부츠에 멋을 입히기 시작했다. 처음 시작은 실용적인 개선이었다. 무릎과 정강이 위쪽이 가죽에 쓸리지 않도록 부츠 입구 앞쪽에 브이v자 홈을 낸 것이다. 홈을 냈으니 늘어나거나 찢어지지 않도록 보강할 필요가 있어 굵은 실이나 얇은 가죽으로 주변을 덧댔다. 이것이 나중에는 박음질 혹은 누빔 형태의 장식으로 발전했다. 그러면서 누가 시작했는지는 모르지만 브이 자 홈에 술 장식을 달았다. 프러시아군이 신던 전장에 특화된 부츠에 영국식의 귀족적 취미가 가미되자 점점 화려해지고 가격이 치솟아 실용성이 사라졌다.

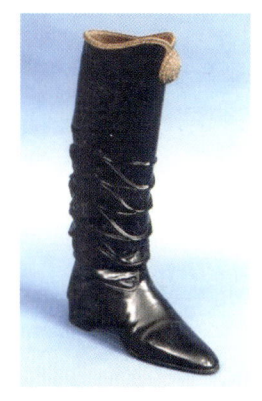

멋을 강조한 전형적인 헤시안 부츠

아니야, 아니야. 이건 아니야.

'영국식 헤시안 부츠'는 목이 점점 길어져 허벅지까지 올라오기도 했고 부츠 전체를 박음질 장식으로 수놓은 것이 나오기도 했다. 주먹만 한 장식 술을 달고 다니는 이도 있었다. 이렇게 되자 최초의 의도와는 달리 말을 탈 때도 도보로 기동할 때도 불편했다.

웰링턴 공작은 런던의 구두공 조지 하비George Hoby에게 헤시안 부츠를 실용적으로 개선하라고 주문했다. 목의 길이를 줄이고 장식을 최소화하라고 했다.

목의 길이를 줄이라는 데에는 불가피한 이유가 있었다. 영국 군복 바지의 디자인이 바뀌어 헤시안 부츠와 맞지 않았기 때문이다. 원래 영국군 장교들은 귀족적 멋을 강조한 짧은 바지(브리치) 속에 긴 양말(판탈롱)을 신었다. 이 양말은 얇고 다리에 착 달라붙었기 때문에 목이 긴 헤시안 부츠를 신는 데 문제가 없었다. 그러나 19세기 전쟁의 양상이 바뀌면서 복장도 변화해야 했다. 나폴레옹으로부터 시작된 이 변화의 가장 큰 특징 중 하나는 지휘관의 진두지휘였다. 언덕 위 장막에서 전투를 감상하던 귀족 출신의 장교들이 전장에서 직접 부대를 지휘하면서 가장 먼저 한 것은 브리치와 판탈롱을 벗는 것이었다. 그러면서 입기 시작한 것이 트라우저라고 불리는 긴 바지였다. 활동성에 초점을 맞춰 만든 트라우저는 엉덩이와 허벅지 둘레는 여유 있게 재단하고 종아리는 다리선에 맞춰 타이트하게 좁힌 디자인이었다. 그런데 목이 긴 양말을 신고 그 위에 트라우저를 입고 헤시안 부츠를 신는 건 정말 고역이었다. 신을 때도 신고 있을 때도 벗을 때도 불편했다. 뭔가 변화가 필요했다.

제1차 세계대전 당시 영국군이 입던 트라우저를 현대적으로 재해석한 디자인

영국군 히트 상품 웰링턴의 탄생

조지 하비는 웰링턴 공작의 주문에 따라 헤시안 부츠의 길이를 정강이 무릎으로 내리고 목을 넓혔다. 넓힌 목의 형태를 유지하게 하려면 소재를 바꿔야 했다. 조지 하비는 보들보들하고 얇은 송아지 가죽 대신 단단하고 두꺼운 보통의 소가죽을 썼다. 그러다보니 원가 절감의 효과도 있었다.

웰링턴 공작의 맘에 들지 않았던 화려한 박음질이나 술은 과감히 제거했다. 단순하고 편리한, 즉 원래 헤시안 부츠의 기능을 되찾은 진정한 의미에서의 군화가 재탄생한 셈이다.

이 부츠를 처음 본 사람들은 아마 "그 볼품없이 짧고 아무 장식도 없는 건 뭐요?"라고 물었을 것이다. 그리고 이런 질문에 대한 답은 이것 하나로 족했다. "아, 이거요? 몰랐어요? 웰링턴 공작이 고안해서 신고 다니는 부츠 Duke of Wellington's Boots인데." 당대 웰링턴 공작은 귀족과 장교 모두가 흠모하는 전쟁 영웅이었다. 영국과 유럽을 구한 영웅이 신고 다니는 부츠라는 이 한마디로 모든 것이 설명됐다. 너도나도 새로운 형태의 부츠를 구하고 주문하기 시작했다.

이후 이 부츠는 웰링턴 공작의 부츠로 불리다가 웰링턴Wellingtons으로 아예 제품명이 굳었다. 오늘날엔 친근함을 담아서 웰리Welly 혹은 웰리스Wellies로 부르기도 한다.

웰링턴 부츠를 신은 웰링턴 공작을 묘사한 1827년의 그림

영국 장교들의 잇-아이템, 웰링턴 부츠

나폴레옹을 이긴 전쟁 영웅이 만든 부츠! 웰링턴 부츠는 곧 영국 장교들 모두가 애용하는 히트 상품이 됐다. 제품의 특성상 중등품의 가죽을 사용했고 각종 장식도 모두 제거했기 때문에 가격은 한층 내려갔다. 따라서 귀족 출신이 아니거나 경제적으로 넉넉하지 않은 장교들도 이를 구입해 신을 수 있었다.

시간이 지날수록 웰링턴 부츠의 숨겨진 진가가 드러났다. 웰링턴 부츠는 사격, 사냥, 승마 등의 귀족적 취미를 즐길 때 두루 유용했다. 절제된 단순한 디자인의 이 부츠는 정장에도 평상복에도 잘 어울렸다. 또한 비오는 거리를 나설 때는 이 웰링턴 부츠만한 것이 없었다. 신사 모자, 우산과 함께 웰링턴 부츠는 영국 신사의 외출 필수품이 됐다.

한국군에도 웰링턴 부츠가 있다. '장군화'라고 부르는 발목 위까지 올라오는 가죽 구두가 그것이다.

서민의 필수품으로 대인기, 웰링턴 부츠

오늘날 '웰링턴 부츠'라고 하면 대부분 방수가 되는 고무장화를 떠올린다. 그것뿐만이 아니다. 비오는 날 아이들이 신는 형형색색의 고무장화도, 패션 피플이 멋을 내기 위해 길게 신는 통부츠도 웰링턴 부츠의 초기 디자인을 거의 유지하고 있다. 방수, 방염처리가 되어 있고 고무 재질이라 감전도 방지할 수 있어 건설 현장에서도 웰링턴 부츠는 인기 만점이다.

그렇다면 전장에서 영국군 장교들이 신던 가죽 재질의 웰링턴 부츠는 어떻게 건설 현장의 노동자들이 신는 고무장화로까지 변모할 수 있었을까.

웰링턴 부츠가 대중화된 데에는 기업가 히람 허친슨 Hiram Hutchinson의 역할이 컸다. 그는 상업용 고무 제조법을 발견한 미국의 발명가 찰스 굿이어 Charles Goodyear로부터 해당 특허를 사서 프랑스로 건너갔다. 허친슨은 고무를 가공하여 각종 제품을 만드는 회사를 세웠다. 지금 이 회사는 유명 아웃도어 회사인 에이글 Aigle사로 프랑스에 남아있다.

에이글사는 고무를 가공하여 여러 가지 제품을 내놓았다. 그중 양산형量產形 고무 부츠가 그야말로 대박을 터뜨렸다. 고무로 만든 부츠는 평원이나 산림에서 일하는 농부와 작업자들에게 꼭 필요한 것이었다. 일반인들도 이 새 부츠에 열광했다. 집에서 정원을 가꾸거나 비오는 날 포장되지 않은 흙길을 걸어가는 데 제격이었기 때문이다. 이전까지 프랑스 평민들이 신었던 것이 나무로 만든 클록 clog이었음을 상기하면, 고무로 된 웰링턴 부츠에 사람들이 얼마나 열광했을지 상상하는 것은 어렵지 않을 것이다. 제품이 잘 팔리기 시작하자 에이글사는 제품명을 '웰링턴 부츠'로 홍보하고 대량생산 체제에 들어갔다. 싸고 튼튼한 에이글사의 고무 웰링턴 부츠는 날개 돋친 듯 팔려나갔다. 프랑스를 시작으로 유럽 전역에 에이글사의 웰링턴 부츠 혹은 이를 본뜬 아류 부츠가 오늘날의 나이키, 아디다스처럼 시장을 장악했다.

19세기, 프랑스 평민들이 상용하던 클록

고무로 된 웰링턴 부츠는 비오는 날을 위한 패션 피플의 필수 아이템이다. 비 오는 날 뉴욕 5번가에 가면 이 부츠를 신은 패션 피플을 많이 볼 수 있다.(상), 정원사, 농부를 위해 제작된 웰링턴 부츠(하)

제1차 세계대전의 발발과 패션 아이콘 '헌터 부츠'의 탄생

제1차 세계대전 전투 양상의 가장 큰 특징 중 하나는 참호전이었다. 참호 속에서 보내는 시간이 짧게는 며칠에서 길게는 몇 개월에 달했는데 우기가 되면 거의 물 반, 진흙 반인 곳에서 살다시피 해야 했다. 눈이 녹아 얼음진창을 만드는 겨울은 참혹했다. 젖은 발을 그대로 두었다가 참호족에 걸려 괴사되는 일이 많았고 겨울엔 조금만 두어도 금방 동상에 걸렸다. 이런 상황에서 방수 대책은 단순히 쾌적, 편리의 수준을 넘는 것이었다. 보병의 발 건강은 전투력과 직결되므로 장병들에게 방수가 잘 되는 피복과 장구류를 보급하는 것은 전투의 승패가 달린 중요한 과업이었다.

영국 전쟁부는 북영국고무회사 North British Rubber Company와 계약을 맺고 각종 방수용품을 군에 보급했다. 북영국고무회사는 제1차 세계대전 기간 동안 엄청난 양의 방수용품을 만들었는데 그중 주력 상품은 웰링턴 부츠를 기본 모델로 한 '헌터 부츠 Hunter Boots'였다. 모두 합해 100만 족 이상의 헌터 부츠와 각종 방수용품을 생산했던 북영국고무회사는 노하우와 명성을 바탕으로 계속 성장했고 사명도 아예 헌터HUNTER로 바꾸었다.

제1차 세계대전 당시 북영국고무회사가 만든 방수 부츠를 신고 있는 모습

고무장화, 레인부츠, 웰링턴 부츠라고 부르는 모든 부츠의 시그니처가 된 헌터 부츠(좌)
헌터 부츠의 오리지널 모델인 '오지지널 그린 웰링턴'. 사진 속의 부츠는 어린이용이다.(우)

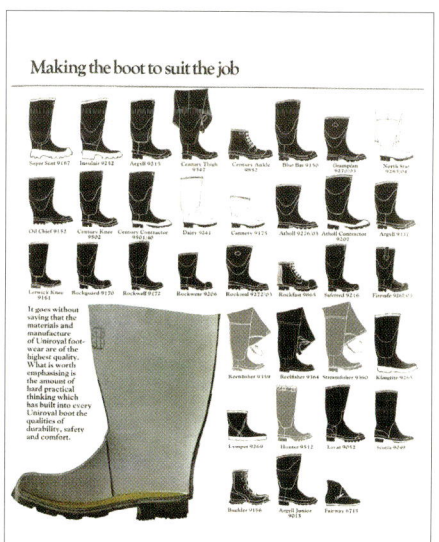

다양한 디자인의 헌터 부츠

17

카키
Khakis

화려한 군복을 입은 장교를 쏴라

19세기 이전까지의 유럽에서 군복은 부의 상징이었다. 돈이 많은 귀족일수록 화려한 색을 가진 귀한 원단으로 군복을 주문하여 입었다. 그런데 20세기 진입을 전후해서 각국 군복 색상과 디자인에 큰 변화가 있었다. 화려한 색이 단일의 위장색偽裝色으로 바뀌고, 다양한 디자인이 규격화된 것이다.

제1차 세계대전을 전후해서는 거의 모든 강대국이 단일한 색, 단순한 디자인의 군복을 선택했다. 주된 이유는 세 가지였다.

첫째는 교전규칙의 변화였다. 19세기까지만 하더라도 장교를 겨냥해 쏘거나 특정 군인을 멀리서 저격하여 쏘는 일은 없었다. 비신사적이고 비겁한 행위라고 생각되어 그렇게 하지 않았다. 그러나 20세기에 들어서는 달라졌다. 장교를 골라 살상하여 리더십을 마비시키고 보이지 않는 먼 곳에서 상대를 쏘아 죽이는 건 당연한 전술이 됐다. 알록달록한 옷은 저격하기 딱 좋은 표적이었다.

둘째는 기술의 발전이었다. 조준경의 발달과 정확도 높은 총기 개발로 살상력이 높아졌다. 멋을 한껏 낸 모자와 특색 있는 디자인의 복장은 멀리서 식별이 잘 됐기에 쏘아 맞추기도 편했다.

셋째 이유는 귀족들의 군복무 선호도가 낮아지고 사관학교제도가 정착했기 때문이다. 이것이 단일한 색, 단순한 디자인의 군복과 무슨 상관이 있을까. 여기에 대해서는 좀 더 설명이 필요하다.

18, 19세기 동안 유럽에는 전쟁 그칠 날이 없었다. 전사상자는 늘어만 갔다. 그냥 늘어난 정도가 아니다. 전술의 변화, 기술 발전으로 그야말로 '대량 살상'이란 것이 시작됐다. 어느 한쪽 군대의 인적·물적 자원이 바닥날 때까지 싸우는 국가총력전의 시대가 열린 것이다. 그러자 귀족의 장교 지원율이 낮아졌다. 마침 서구에는 일반 평민도 입학이 가능한 사관학교제도가 자리 잡아가고 있었다. 평민 출신의 장교 비율이 높아졌다.

자, 그렇다면 이제 대략 답이 나온다. 평민 출신의 장교들은 귀족들처럼 고급의 비싼 장교 군복을 주문 제작하여 입을 형편이 되지 않았다. 장교들의 군복은 개별 구입이 원칙이었으므로 평민 출신은 싼 옷을 입었다. 쉽게 바래지 않으면서도 염색 재료가 비싸지 않은 색상, 화려하거나 정밀한 장식이 없는 디자인의 군복을 선택했다.

썩은 진흙탕 같다고 놀림 당하던 색, 카키

제1차 세계대전 군복 변화의 가장 큰 특징은 통일성이었다. 서구 주요 강대국들이 같은 색을 선택했다. 그것은 한때, '먹다 둔 풀죽 같기도 하고 썩은 진흙탕 같기도 한 이상한 색'이라고 놀림을 받던 '카키khakis'라는 색상이었다. 힌두어로 카키는 '땅, 먼지'라는 뜻이다.

1) 카키와 인도 국경수비대, 가이드단

카키색을 군복에 가장 먼저 사용한 것은 영국 치하 인도 서북부 국경에 있던 가이드단 Corps of Guides이었다. 가이드단은 펀잡 Punjab 지방의 인도인을 선발하여 1846년에 창설한 국경수비대였다.

1890년대에 촬영한 인도 평민의 일상 복장. 흰색 쿠르타

모집된 이들은 한동안 인도인들이 입는 전통의 면 소재 옷을 입고 훈련을 받았다. (남아 있는 기록으로 볼 때 목에 칼라가 없고 상의가 아래로 길게 내려오는 쿠르타 종류였을 것이다.) 그런데 흰색의 옷을 입고 훈련을 하거나 근무를 서면 때가 너무 잘 탔다. 특히 펀잡 지방의 기후는 여름에 고온다습하고 모래바람이 많아 가이드단 병사들의 외관은 금세 더러워지곤 했다. 그래서 몇몇 병사들은 때 타지 않게, 흙 묻어도 티가 나지 않게 흰색 쿠르타에 흙물을 들여 입고 다녔다. (기록에 의하면 강의 진흙을 이용해 흙물을 들였다고 되어 있다.

편잡 지방의 모래바람

착색을 위해 카레 가루를 섞었다고 하는 얘기도 있다.) 나중에는 이것이 일종의 유니폼처럼 되었다.

1848년부터 가이드단은 군복을 맞추어 입었다. 가이드단의 특색을 살리기 위해 이미 유니폼처럼 되어버린 쿠르타를 기본 디자인으로 하기로 했다. 목에 깃이 없고 하의 위를 덮는 쿠르타의 디자인은 조금만 손을 보면 군복으로도 적당했다.

문제는 군복의 색상이었다. 당시의 유행은 뭐니 뭐니 해도 붉은 색(영국군)과 푸른 색(프랑스군) 같은 원색이었다. 그러나 선발된 인도인들에겐 고가의 군복을 사 입을 돈이 없었다. 가이드단도 그 같은 총천연색 원단으로 군복을 만들어 지급할 만한 예산이 없었다. 따라서 이제는 가이드단의 상징처럼 된 카키색의 군복을 만들어 보급하기로 했다. 문제는 염색 재료였다. 쉽게 빠지는 흙물은 물론 안 될 말이었다. 현지에서 조달 가능한 값싼 염료를 찾던 끝에 마자리 야자 Mazari palm 열매가 선택됐다. 열매 추출물로 염색하면 약간 붉은 기가 감도는 흙색, 즉 카키색이 나왔다.

1891년 가이드단의 복장

펀잡 지방에 근무하던 다른 인도군의 복장

2) 영국해외원정군, 카키를 선택하다

한편 '태양이 지지 않는 나라'라고 불리던 대영제국의 지도에는 '전쟁 중' 표시가 사라지지 않았다. 19세기 말, 영국이 전쟁을 벌인 곳은 주로 아프리카 대륙이었다. 가이드단 역시 몇몇 전장에 차출되었다. 그러던 와중에 가이드단의 카키색 군복이 유명세를 얻었다. 가이드단 군복의 색상과 재질은 여러모로 유용하고 편리했다. 아프리카, 아시아의 지형과 기후 조건에 잘 맞았다. 이후 기본 복색을 카키로 하는 영국해외원정군이 늘어갔다.

가이드단이 카키색을 선택한 애초의 이유는 때 덜 타고 비용이 적게 들었기 때문이다. 또 원단은 인도에서 쉽게 구할 수 있는 싼 천인 면 혼방으로 했는데 막상 입어보니 이전의 뻣뻣하고 두꺼운 군복보다 활동성이 뛰어났다.

여기에 더해 영국군과 미군은 카키에서 '위장'이란 기능을 찾아냈다. 이미 앞에서 언급했던 것처럼 19세기 군대의 복식, 특히 장교의 그것은 화려하고 장식물이 많았다. 제1차 세계대전에서는 장거리 저격이 적극 권장되었고 총기의 살상력이 배가되었기에, 화려한 치장의 군복을 입은 영국군(빨강)과 프랑스군(파랑)은 '쏘기 좋은 표적'이었다. 단순한 디자인의 카키색 군복은 주변 환경에 전투원을 동화시켰다. 이에 영국군과 미군은 카키색을 해외원정군 복제의 표준으로 정했다.

군인을 표적으로 바꿔주는 것이나 마찬가지였던 영국군의 군복

3) 제1차 세계대전과 카키의 표준화

제1차 세계대전을 전후로 각국 군대는 카키색 군복을 기준 복제로 정했다. 물론 약간의 변화는 있었다. 파병 지역의 자연환경에 맞춰 녹색, 회색, 갈색 등을 다양하게 섞어 산악에서도 평지에서도 위장을 제공할 수 있도록 했다. 대표적인 것은 올리브 황갈색 olive drab 이다. 한국군이 1990년대 초반까지 입었던 민무늬 전투복의 색이 바로 올리브 황갈색이다.

다양한 카키색. 사진 속에 있는 것은 1940년대 미군의 방독면 주머니

카키와 현대 패션

그렇다면 군복의 카키가 일상 속으로 들어와 패션이 된 것은 언제, 어디서부터였을까. 전문가들은 제2차 세계대전 이후 미국이라고 본다. 카키는 1940년대 미국의 상징이 되었는데 그 이유는 첫째, 당대 대중의 요구에 맞아 떨어졌기 때문이다. 두 번의 전쟁과 그 사이에 낀 대공황을 버텨낸 미국 시민들은 아마도 그 반대급부인 듯, 편하고 자유로운 스타일을 추구했다. 참전자들이 전역하면서 입고 나온 카키색 군복이 그들의 눈에 들어왔다. 카키색 군복은 편하

고 견고하고 실용적이었다. 격식을 갖추지 않고 일상 어디에서든 입을 수 있는 '캐주얼'로 적합했다.

둘째, 전후의 평등의식, 여성인권 코드와 맞아떨어졌다. 국가동원령의 발령으로 참전했던 수많은 군인들은 애국심, 전우애, 용기, 정직과 같은 가치가 신분, 계층, 빈부, 학력과는 별 상관이 없다는 것을 체감했다. 참전의 경험은 전후 평등권, 인권의 발전에 기여했다. 군복의 카키색은 이런 경험과 깨달음의 상징이었다.

또한 제2차 세계대전에서 활약한 소위 '카키를 입은 여성 Women in Khaki'은 여성 권리신장에 중요한 방점을 찍었다. 여성 군인의 비율이 높아졌고 전장에 나가는 대신 많은 여성이 군수공장 등에서 노동으로 전쟁을 지원했다. 여성 군인과 군수공장 근로자들이 입었던 카키는 강인한 여성상, 여성의 독립성을 상징하는 색이 됐다.

셋째, 전후 카키는 애국심, 헌신, 협동의 상징이 됐다. 제2차 세계대전은 전체주의로부터 자유주의를 지켜낸 전쟁, 독재 정권을 타도하고 민주주의를 지켜낸 전쟁이었다. 인류의 이상과 인간의 가치를 지켜낸 제2차 세계대전은, 다시는 이런 비극이 일어나지 않게 해야 한다는 차원에서도 적극적으로 교육에 활용되었다. 카키색 군복은 자유, 민주주의의 상징이었다. 서구의 수많은 학교가 카키를 교복의 색으로 지정하기도 했다.

시대를 뛰어넘어 현대로 와 보자. 2015~2016년 패션 유행을 다룬 많은 칼럼들이 '카키가 새로운 블랙이 될 것'이라고 예측한 적이 있다. 2015년을 강타한 블랙의 강세를 카키가 대신 이어받을 것이라고 했다. '먹다 둔 풀죽 같기도 하고 썩은 진흙탕 같기도 한 이상한 색'이라고 혹평을 받던 카키가 50여 년이 지난 오늘날, 세계 패션계를 매혹할 수 있는 감각 있는 색으로 평가받고 있는 것이다.

새삼스러운 변화는 아니다. 카키는 유명인의 패션 감각을 드러내는 컬러로 애용되어 왔다. 유명인 중 카키를 잘 소화한 이 중에는 존 F. 케네디 John F.

2016년 핫 아이템으로 선정된 옷 중 하나. 군필자가 보기엔 그냥 군복이다.(상)
2015 뉴욕 패션위크에서 출품작을 준비하고 있는 모습. 카키는 현대 패션에 다양하게 사용되고 있다.(하)

Kennedy 미 대통령도 있다. 오드리 헵번Audrey Hepburn도 생전에 카키색 옷을 즐겨 입었다.

카키가 패션계의 키워드로 가장 강렬한 인상을 남겼던 것은 1998년이 아닐까 한다. 복고풍이 사회의 구석구석에서 유행하던 중에 한 패션 의류 회사의 '카키, 휩쓸다Khaki Swing'라는 제목의 광고가 대히트를 했고 관련 상품이 날개 돋친 듯 팔려나갔던 것이다.

《Khaki Swing》의 한 장면(상)

요트에서 카키색 면바지를 입고 있는 케네디 대통령(좌), 스위스 휴양지에서 카키색 코트를 입은 오드리 헵번(우)

18

베레모
Beret

네덜란드에서 시작된 펠트 모자 유행

어떤 이는 베레모 beret의 역사가 청동기까지 거슬러 올라간다고 말한다. 어떤 연구는 고대 벽화, 중세 도록에서 베레모 형태의 모자를 쓴 인물을 발견할 수 있다고 적고 있다. 그러나 창 들고 들소를 쫓는 선사인의 머리에 있는 둥글납작한 모자가 베레모의 조상이라고 주장하는 데에는 약간 무리가 있다. 선사시대 인류 중 누군가는 외부 충격 혹은 추위로부터 머리를 보호하기 위해 동물의 가죽이나 뭉친 털을 덮어 썼을 것이고, 그 당시 기술이나 디자인 수준을 고려해볼 때, 무엇을 머리에 썼던 비슷한 모양이 됐을 것이기 때문이다.

동물의 털을 이용한 둥그런 모자가 일정한 디자인을 유지하기 시작한 건 14세기 무렵부터였다. 주 사용자층은 네덜란드, 벨기에, 룩셈부르크의 농민이었다. 별다른 명칭은 없었다. 그저 '펠트 felt 모자', 즉 털모자라고 불렀다. 펠트 모자는 돈 없고 여유 없는 사람들이 쓰는 장식 없는 납작한 모자였다.

한편 17세기부터는 네덜란드 화가들이 자신들의 직업적 상징으로 이 납작한 펠트 모자를 쓰기 시작했다. 당대 화가들이 흠모해 마지않던 렘브란트 반 레인 Rembrandt van Rijn과 《진주목걸이를 한 소녀》로 유명한 요하네스 페르메이르 Johannes Vermeer 등이 펠트 모자 유행에 앞장섰다.

고대 그리스인들이 쓰던 페타소스. 햇빛을 가리는 것이 주목적이었다. 베레모의 기원을 페타소스에서 찾기도 한다.

펠트 모자를 쓴 렘브란트(좌), 페르메이르(우)의 자화상

스페인을 지나 프랑스로

납작한 펠트 모자가 패션으로서의 가능성을 보인 것은 1800년대 중반 스페인에서였다. 1846~1849년에 왕위 계승 문제를 놓고 여왕파와 반대파 간 내전이 벌어졌는데, 반대파인 카를로스파가 자신들의 상징으로 붉고 챙이 넓은 펠트 모자를 착용했다. 특히 카를로스파의 장군 토마스 주말라카레기Tomas Zumalacarregui는 스페인의 전쟁 영웅이었는데 그가 붉은 펠트 모자를 쓰고 부대를 이끄는 모습을 본 시민들은 너도나도 이를 따라 하기 시작했다.

거의 유사한 시기(1880년대)에 알프스 일대에서 활동하는 프랑스 산악부대원들은 파랗고 챙이 넓은 펠트 모자를 썼다. 이 유래에 대해선 몇 가지 설이 있다. 어떤 연구자는 스페인의 탄압을 받던 프랑스 국경지대 민병들이 저항의 표

카를로스파의 리더 토마스 주말라카레기가 붉은 색 모자를 쓴 모습

시로 푸른 펠트 모자를 쓴 것이라고 한다. 프랑스 육군은 부대원이 눈 속에서 고립되었을 때 멀리서도 식별이 가능한 일종의 표시판 역할을 겸하는 것이 목적이었다고 설명하고 있다.

이 무렵부터 사람들은 털로 만든 둥글납작한 모자 혹은 챙이 넓은 펠트 모자를 '베레beret'로 불렀다. 이는 라틴어에서 온 프랑스어였으며 '농민들이 쓰는 울로 만든 납작한 모자'라는 뜻이었다.

베레모를 쓴 프랑스 산악부대원. 이들이 쓴 것을 알프스 사냥꾼 베레모라고 한다.

바스크 베레모와 로레르 베레모

그런데 스페인 토마스 주말라카레기 장군의 붉은 베레모, 프랑스 산악부대원의 푸른 베레모가 하늘에서 뚝 떨어진 것은 아니었다. 바스크 지방(스페인 북동부~프랑스 남서부) 농축산인들은 오래전부터 서유럽 북부 농민들이 쓰던 펠트 모자를 개량하여 쓰고 다녔다. 그러다가 19세기 초부터는 지역 특산물인 바스크 울을 소재로 사용했는데 이것이 바스크 베레모Basque beret다.

한편 프랑스에서는 1810년부터 로레르Laulhere사에서 바스크 베레모를 대량

생산하여 판매하기 시작했다. 그리하여 1820년대를 전후해서 베레모는 프랑스 일반 대중이 큰 노력을 들이지 않고 멋을 낼 수 있는, 누구나 하나쯤은 갖고 있는 아이템이 됐다.

로레르 베레의 외관과 안쪽의 상표. 지금도 로레르 베레는 질 좋은 고급품으로 인정받고 있다.

세계 각국의 베레모들

한편 스페인 카를로스파와 프랑스 알프스 산악부대원이 베레모를 자신들의 상징으로 사용한 1800년대 말 이래, 유럽의 다른 무력 단체들도 이를 따라 하기 시작했다.

오늘날 베레모를 착용하는 부대는 한국군을 비롯하여 셀 수 없이 많은데 거의 100개국에 달한다. 그중 특이한 것 몇 가지를 소개하자면 다음과 같다.

1) 포르투갈 특수부대 Portuguese Army Commandos

포르투갈 특수부대에는 '베레모가 멋있어서 입대했다'는 장병이 많다. 정열의 붉은 베레모는 포르투갈 특공대의 상징이다. 부대의 애칭도 '붉은 베레 Red Beret'다.

포르투갈 특수부대원의 모습(상)
유럽연합(EU)의 통제 하에 중앙아프리카 안정화 작전에 파병 중인 포르투갈 특수부대의 모습(하)

2) 나토 임무군 NATO Mission Unit

나토NATO 소속 국가들이 나토군의 일부로 임수를 수행할 때 쓰는 공통 베레모는 밝은 청색이다. 여기에 각국, 해당 부대의 휘장을 달고 임무를 수행한다. 아래의 사진은 리투아니아에서 나토군의 일부로 임무를 수행하고 있는 벨기에 육군 요원들의 모습이다.

나토 베레모를 착용하고 있는 벨기에 육군 장병

3) 인도네시아 특수부대

인도네시아 육군 특수부대Kopassus는 진한 적색, **공군** 특수부대Denjaka는 진분홍색 베레모를 쓴다. 세계 각국 군대의 베레모 중 색이 화려하기로는 인도네시아 특수부대가 제일인 듯하다.

인도네시아군의 베레모 색은 화려하다.

4) 프랑스 산악부대 Chasseurs Alpins

짙은 청색의 프랑스 산악부대는 19세기 말부터 베레모를 썼는데 그 면적이 상당히 넓다. 이는 겨울철 설산에 반사된 햇빛으로부터 눈을 보호하기 위한 것(모자챙의 역할)이라고 한다.

모자챙처럼 넓은 프랑스 산악부대 베레모

5) 스코틀랜드 왕실 연대

스코틀랜드 왕실 연대의 베레모는 고유의 격자무늬인 타탄 tartan 으로 장식되어 있다. 그리고 이 베레모와 킬트 kilt 가 만나서 세계에서 가장 독특한 복장이 된다.

타탄으로 꾸며진 베레모, 킬트, 각반을 착용한 왕실 연대 병사(상), 스코틀랜드 예비역 전우회 모임(하)

19

레이-밴
Ray-Ban

라이방이 아니라 레이-밴

 전후戰後 세대 혹은 7080세대에게 다음의 사진은 매우 익숙할 것이다. 1950년 9월 인천상륙작전 당시 맥아더Douglas MacArthur 장군과 1987년 개봉한 영화 《탑 건》의 주인공 톰 크루즈Tom Cruise의 모습이다.
 역사 속 실제 인물, 영화 속 가상 인물인 두 사람의 공통점은, 군인이며 레이-밴 조종사용 선글라스Ray-Ban Aviator를 쓰고 있다는 것이다. 사진 속 선글라스는 예전에 우리가 '라이방'이라고 불렸던 바로 그 모델이다.

1950년 9월 인천상륙작전 당시의 맥아더 장군(상), 1987년작 영화 《탑 건》에서의 탐 크루즈(하)

레이-밴 개발의 시작 : 미 공군 조종사를 위한 특수 장비

1925년 존 맥크레디 John Macready 대령(후일 중장까지 진급)은 공군 조종사의 시야를 보호할 수 있는 기능을 가진 선글라스 개발을 바슈롬 Bausch & Lomb 사에 요청했다. 항공 기술이 발전하여 비행고도가 높아졌고 이에 따라 빛의 직사로부터 조종사의 눈을 보호할 필요성이 대두됐기 때문이다. (이때만 해도 공군은 육군으로부터 분리되지 않았었다. 갓 출발한 공군에는 조종사를 위한 특수 장비가 많지 않았다.)

존 맥크레디 대령은 태양 직사광선을 차단하면서 동시에 시야 확보에 어려움이 없도록 해야 한다고 주문했다. 미군의 합격 조건은 까다로웠다. 두 번의 불합격 이후, 미 육군의 실험을 통과한 것은 1939년에 나온 프로토 타입이었다. 바슈롬은 이 모델에 '광光 차단용 안경' 즉 'Ray Banned Glasses'라는 임시 명칭을 붙였고 이것이 상표명인 'Ray-Ban'이 됐다.

레이-밴은 제2차 세계대전기에 소재, 기술면에서 큰 발전을 했다. 충격에 강하면서도 가벼운 합금, 빛을 선택적으로 차단할 수 있는 편광, 위쪽은 짙고 아래쪽은 옅은 코팅 기술 등이 추가됐다. 아래의 세 가지 모델이 제2차 세계대전기 이후 지금까지 변하지 않고 그대로 남아있는 클래식 타입니다.

레이-밴의 가장 기본적인 디자인 제품

맥아더 장군과 레이-밴의 유행

바슈롬사는 1937년부터 레이-밴을 시중에 판매했는데 나름의 반향을 일으키긴 했지만 큰 유행이 되진 못했다. 레이-밴을 대중에게 깊이 각인시킨 최초의 인물은 아마도 맥아더 장군이었을 것이다. 제1차 세계대전 때부터 국민적 영웅이었던 맥아더 장군은 제2차 세계대전이 발발하자 미군을 이끌고 태평양에서 일본군과 싸웠다. 그는 일본군의 기습 침략으로 필리핀을 떠나야 했는데 이때 "나는 반드시 돌아온다."는 명언을 남겼다.

1944년에는 그 말대로 일본군을 몰아내고 필리핀에 복귀했다. 사진은 필리핀 레히테만에 맥아더 장군이 상륙하는 모습이다. 그가 레이-밴을 쓰고 바다를 가로질러 걸어가는 모습은 방송과 신문을 통해 대중에게 전달됐고 곧 전국적인 유행이 됐다.

필리핀 레히테만에 상륙하는 맥아더 장군. 레이-밴을 쓰고 있다.

새로운 레이-밴 모델, 웨이퍼러의 탄생

바슈롬사에서 독립한 레이-밴사는 '레이-밴 조종사용 선글라스'의 아성을 뛰어넘을 수 있는 신제품을 내놓고자 했다. 개발팀은 기존의 선글라스와 완전히 다르면서도 일반인이 편히 쓰고 다닐 수 있는 디자인을 추구했다. 그 결과 나온 것이 1956년의 레이-밴 웨이퍼러 Wayfarer; 여행자 모델이었다.

시제품이 나왔을 때 임원진은 웨이퍼러에 회의적이었다. 기존 안경류의 기준을 완전히 벗어난 소재와 디자인이 대중에게 외면 받지는 않을까 걱정했다. 웨이퍼러는 안경테 소재로 플라스틱을 사용했는데, 당대 대중은 '금속테 = 고급, 오리지널', '플라스틱 = 합성, 대체품'의 이미지를 갖고 있었다. 웨이퍼러 특유의 안경테도 너무 두껍고 투박해 보였다.

가장 클래식한 스타일의 레이-밴 웨이퍼러

그런데 임원진이 웨이퍼러의 단점이라고 생각했던 요소들이 반대로 인기의 요인이 됐다. 기존에 없던 차별적 디자인을 찾는 연예인들이 먼저 웨이퍼러를 알아보고 애용하기 시작했다. 웨이퍼러는 렌즈가 큼지막하고 짙은 데다가 안경테가 두꺼워서, 분장하지 않은 평소 모습을 대중에게 보이고 싶어 하지 않는 연예인들에게 안성맞춤이었다.

연예인이 일상 복장에 웨이퍼러를 매치하여 소화한 모습은 색다른 멋이 있었다. 매체를 통해 웨이퍼러를 착용한 연예인들의 모습을 접한 대중들은 이를 새로운 유행으로 받아들였다. 그리고 웨이퍼러는 말 그대로 공전의 히트를 했다. 멋쟁이라면 누구나 하나씩은 갖고 있는 소지품이 됐다.

웨이퍼러를 착용한 연예인들. 제임스 딘(상), 오드리 헵번(하)

웨이퍼러를 착용한 연예인들. 캐리 그란트(상좌), 밥 딜런(상우), 마릴린 먼로(하)

웨이퍼러를 전국적으로 유행시킨 케네디 대통령

1961년 미국의 제35대 대통령이 된 존 케네디는 컬러텔레비전 시대의 대표적인 수혜자 중 하나다. 대통령 후보 텔레비전 토론이 아니었다면 존 케네디가 거물 리처드 닉슨 Richard Nixon을 상대로 대선 승리를 하긴 어려웠을 것이다. 존 케네디를 미디어 정치, 이미지 정치의 시발점으로 보는 것도 그 때문이다.

존 케네디는 야외에서 늘 선글라스를 쓰고 있었다. 셔츠를 풀어헤친 채 시가를

물고 신문을 보거나 베이지색 치노 바지를 입고 요트를 몰 때에도 그는 꼭 선글라스를 썼다. 선글라스의 유행에 대해 쓴 한 칼럼니스트는 "케네디가 선글라스를 쓰고 텔레비전에 나올 때마다 수십, 수백만 명의 미국 남자들이 웨이퍼러를 구입했다."고 했다. 맥아더 장군이 각인시킨 '레이-밴 = 레이-밴 조종사용 선글라스'의 공식을 케네디 대통령이 '레이-밴 = 웨이퍼러'로 바꾼 것이었다. 사실, 존 케네디가 썼던 것은 레이-밴의 웨이퍼러가 아닌 아메리칸 옵티컬 American Optical사의 유사품이었지만 말이다.

20

빨간 마후라의 유래는?

마후라? 머플러 혹은 스카프가 옳은 표현

한국 공군의 상징 중 하나로 '빨간 마후라'가 있다. 〈빨간 마후라〉라는 노래, 영화, 드라마도 있다. 그런데 '마후라マフラー'는 머플러muffler의 일본식 표현이다. '마후라'가 아니라 '머플러'가 옳은 표현이란 얘기다. 그렇다면 "'빨간 머플러'는 한국 공군의 상징"이라고 하면 되는 건가? 아니다. 결론부터 말하자면 '빨간 스카프'라고 불러야 한다.

교육 수료 후 '빨간 마후라'를 매고 있는 한국 공군 조종사

연합국 조종사들의 상징, 흰색 실크 스카프

20세기 초부터 항공기 조종사들은 흰색 실크 스카프를 목에 두르기 시작했다. 왜 그랬을까?

가장 단순하게는 추워서 그랬을 것이다. 당시 조종석은 오픈카처럼 개방된 형태여서 보온 대책이 절실했다. 그렇다고 두꺼운 옷을 껴입으면 몸이 둔해져 조종에 방해가 될 것이었다. 때문에 전투기 조종사들은 얇고 보온성 높은 흰색 실크 스카프를 애용했다.

스카프는 조종사의 목 주변 살갗 쓸림 방지를 위한 것이기도 했다. 이 시절, 조종사는 고개를 돌리고 젖혀 눈으로 직접 시야를 확보했다. 별다른 일이 없어도, 비행착각 vertigo으로 인한 사고를 피하려면 수시로 고개를 돌려 상하좌우를 확인하는 것이 원칙이었다. 특히 레이다나 전자계기판이 없던 시절의 전투기 조종사들은 적을 먼저 발견하고 쏘기 위해서 미친 듯이 고개를 휘둘렀다. 그러다가 옷깃에 목이 쓸리는 일이 잦았던 것이다.

록히드 마틴이 공개한 F-16 조종사의 공중전 훈련 모습. 조종사가 고개를 뒤로 젖힌 것을 볼 수 있다. 유튜브에 공개된 7분 43초의 영상 속에서 이 조종사는 300회 이상 고개를 좌우와 위로 움직였다.

한편, 스카프는 마스크 역할도 했다. 조종사들은 찬바람, 갑자기 쏟아지는 비, 코와 입으로 날아오는 벌레로부터 얼굴 부위를 지키는 데 스카프를 썼다. 특히 이 시기 항공기는 엔진 오일로 피마자기름(아주까리)을 썼는데 엔진 위치와 구조상 조종사의 얼굴에 기름이 튀거나 쏟아지는 일이 잦았다. 피마자기름은 독성이 있어 피부를 상하게 하고 소량이라도 삼키면 설사를 일으켰다. 스카프는 조종사용 마스크가 나오기 전까지 기름이 입으로 들어가는 것을 막고 묻은 기름을 닦는 역할을 했다.

제1차 세계대전 당시 조종사의 일반적인 복장 예시. 조종헬멧, 고글, 장갑 위에 찬 벨앤로스 손목시계가 눈에 띈다. 그리고 목에 흰색 실크 스카프를 두르고 있다.(상), 제2차 세계대전의 영웅 로버트 존슨. 사진을 보면 목에 흰색 실크 머플러를 두른 것을 볼 수 있다. 그는 P-47 선더볼트 전투기를 몰고 독일군 항공기 28대를 격추시켰다.(하)

그렇다면 재질을 실크로 한 이유는 무엇이었을까? 울이나 면보다 얇게 직조된 실크는 움직임을 크게 방해하지 않았고, 가볍고 부드러우면서도 질겼기 때문이다. 목에 걸쳐 옷 안에 갈무리해도 크게 티가 나지 않았고 접어서 넣으면 주머니에 쏙 들어갔다.

색은 왜 흰색으로 했을까? 우아하고 멋져보였기 때문이라는 게 중론이다. 제1차 세계대전 때만 하더라도 참전 조종사 대부분은 자신의 항공기를 가지고 자원한 귀족 출신이었다. 목 쓸림을 방지하든 벌레를 막든 얼굴 주변에 무언가를 둘러야 한다면 그들이 선택할 색은 단연 흰색이었다. 조종사들은 흰색의 스카프를 겉옷 밖으로 길게 늘어뜨린 채 멋을 내기도 했는데, 어떤 이들은 비행할 때도 스카프를 겉에 내놓아 펄럭이게 했다. 이는 매우 위험한 행동이었기 때문에 곧 규정에 의해 금지됐다. 그러자 흰색 끈을 헬멧 위에 달아 휘날리게 하는 이도 있었다.

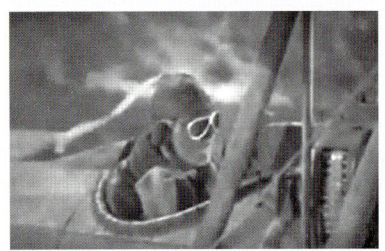

제2차 세계대전 당시 영국 공군 조종사였던 제임스 레이시. 길게 늘어뜨린 스카프를 볼 수 있다.(상)
영화 《돈 패트롤》(1938)의 한 장면. 헬멧 위에 단 흰색 띠가 휘날리고 있다.(하)

일본 해공군 전투기 조종사들의 '비행 마후라'

서구의 항공기 조종사들이 '조종사 스카프 pilot scarf 혹은 aviator scarf'라고 부르던 흰색 실크 스카프를 일본에서는 '비행 마후라 飛行 マフラー'라고 불렀다. 왜 스카프를 마후라라고 불렀을까?

태평양전쟁시 자살특공대 중 한 명, 키요시 오가와. 목에 '마후라'를 두르고 있다.

문헌을 살펴보면, 일본 해공군 조종사들은 철저히 실용만을 추구했다. '당시 일본 군인들은 사무라이와 같은 무인의 길을 추구했기 때문에 얼굴에 묻은 기름을 닦는다든가 멋을 내기 위해 무언가를 두른다든가 하는 것은 가당치 않았다'는 것이 요지다. 그래서 서구의 스카프와 구별하기 위해 마후라라고 부른 것일까? 그랬을 수 있다.

그냥 단순하게는 마후라가 스카프를 뜻하는 와세이에이고 和製英語, 즉 일본식 영어이기 때문일 수도 있다. 19세기 이후, 서구에서 머플러 muffler는 주로 내연기관의 배기구를 감싸 폭음을 줄이는 소음기를 의미하게 됐다. 대신 상체나 목에 두르는 것들의 명칭은 크기, 용도별로 숄 shawl, 스톨 stole, 스카프 scarf, 폴라 foulard로 세분했다. 그런데 일본은 19세기 에도 시대부터 보온을 위해 목에 두르는 것을 계속해서 마후라 혹은 에리마키 えりまき로 총칭했다. 스카프는 장식적인 의미가 강한 여성 취향의 용품을 일컫는 용어로 굳었다.

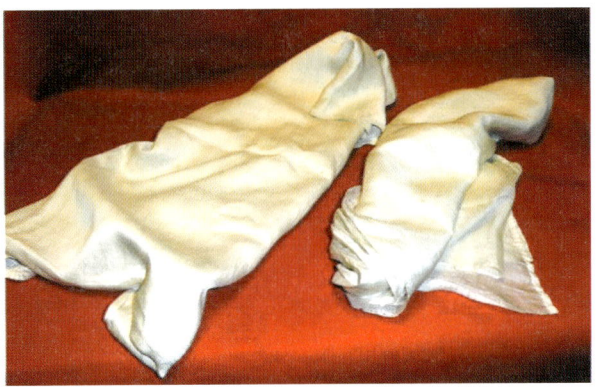

태평양전쟁기 일본 해군조종사가 사용했다는 비행 마후라

한국 공군의 빨간 마후라

서두에서 한국 공군의 상징 중 하나인 '빨간 마후라'는 '빨간 스카프'로 써야 하고, 그도 아니면 최소한 일본식 발음을 쓰지 말고 '빨간 머플러'로 해야 한다고 했다.

한국 공군이 '빨간 스카프'를 매기 시작한 것은 6.25전쟁 당시였고, 공군 조종사 김영환 대령(후일 준장 예편)이 빨간 스카프 착용의 선구자라고 알려져 왔다. 김영환 본인의 요청으로 형수였던 이희재 여사가 자주색 치마를 뜯어서 만들어준 것이 시초였다는 증언도 있었다. 한편 공군 초대 참모총장 김두만 장군의 증언에 의하면 김영환은 대단한 멋쟁이였으며 원래 빨간색을 좋아하여 강릉기지 시절부터 빨간 스카프를 매고 다녔다고 한다. 하지만 전쟁 기간에 다른 조종사들이 빨간 스카프를 따라서 착용하거나 단체로 착용하는 일은 없었다. 일부 인원이 보온 등의 이유로 낙하산 천을 잘라 만든 흰색 스카프를 매고 다니는 일은 종종 있었다.

공군 조종사들이 빨간 스카프를 단체로 착용한 것은 종전 후인 1953년 8월 15

일 광복절 행사가 최초였다. 이날 행사에서 축하 비행을 한 공군 제10전투비행단 조종사들이 빨간 스카프를 매고 대중 앞에 모습을 드러낸 것이다. (사진 참조) 1964년에는 영화 《빨간 마후라》와 동명의 영화 주제가가 크게 유행하여 온 국민이 빨간 스카프를 한국 공군의 상징으로 인식하는 계기가 됐다.

1953년 8월 15일, 조종복 속에 빨간 마후라를 맨 공군 조종사들. 오른쪽에서 네 번째에 선글라스를 쓰고 있는 인물이 김영환 (상) 현재 우리 공군이 착용하고 있는 빨간 스카프는 2009년 창군 60주년 기념으로 앙드레 김이 디자인한 것이다. (하)

21

넥타이
Necktie

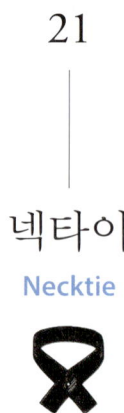

넥타이 찬반론

넥타이 착용을 중시하는 이들은 "넥타이를 잘 매는 것은 성인 남성으로 나가는 인생의 첫 번째 관문(오스카 와일드)"이라고 강조한다. 반면 넥타이 착용에 부정적인 이들은 "넥타이는 올바로 사고하는 것을 막는 것이 목적(린위탕)"이라고 비꼬기까지 한다.

착용을 찬성하든 반대하든 '넥타이'를 통해서 우리가 알 수 있는 것은, 이것이 단순한 패션이 아니라 현대인의 삶 속에 깊이 자리 잡은 문화이자 현상이라는 점이다. 첫 출근하는 아들의 넥타이를 아버지나 어머니가 바로잡아주는 장면은 영화, 드라마에 자주 등장하는 클리셰다. 정재계 인사들의 회동에서 종종 연출되는 이른바 '노-타이no tie' 제의는 자유로운 의사소통, 탈권위 지향의 상징성을 갖고 있다.

30년 전쟁과 크라바트

넥타이의 문화인류학적 기원이 무엇인지에 대해서는 여러 주장과 학설이 있을 것이나 크게 둘로 압축해볼 수 있다. 하나는 특정 그룹이 목에 매는 장식에서 비롯됐다는 것이고, 다른 하나는 목에 두르는 방한용품이 변화 발전하여 오늘에 이르렀다는 것이다.

역사 속에 뚜렷한 흔적을 남긴 넥타이의 유래는 전자에 더 가깝다. 17세기 유럽의 '30년 전쟁(1618~1648)' 당시, 프랑스 왕실에 용병으로 고용됐던 크로아티아 기병대는 목에 붉은 천을 매고 전장을 누볐다. 출정하는 군인의 무사 귀환을 빌며 붉은 천을 매어주는 것은 크로아티아의 오랜 풍습이었다. 그런데 사실, '크로아티아 기병대'는 헝가리군 출신 장교들이 크로아티아, 헝가리, 세르비아, 카자크, 타타르 등에서 장정을 모아 만든 연합 용병 집단이었다. 그러니까 어떻게 보면 이들이 목에 맸던 붉은 천은 출신, 언어가 각기 다른 이들이 서로를 같은 부대로 인식하는 수단이었던 셈이다.

전쟁 초기의 크로아티아 기병대는 임시 편성된 통일성 없는 집단이었기 때문에 전투력이 별로 높지 않았다. 그래서 처음엔 주로 적의 측방을 기습하거나 후방의 보급부대, 민가를 습격하는 임무를 맡았다. 별나른 부대 명칭도 따로 없었던 것으로 보인다. 그냥 다들 '크로아티아인들 Croats'이라 불렀다. 그런데 전쟁이 생각보다 길어지자, 크로아티아 기병대 내에 단합력이나 규율 같은 것이 생기기 시작했다. 규모와 활약도 점점 커졌다. 이렇게 되자 이들을 부를 정식 부대 명칭이 필요했다.

그래서 프랑스군 지휘부는 이렇게 물어봤을 것이다. "너희 부대를 부를 호칭이 필요하다. 너희들을 뭐라고 부르면 되는가?" 그리고 어느 크로아티아 출신 지휘관이 이렇게 대답했을 것이다. "우리는 '크르바타 Hrvata 혹은 Hrvat'요." '크르바타'의 프랑스식 발음(표기)은 '크라바트 Cravate'였고 이는 곧 크로아티아 기병대의 부대 명칭이 됐다. 그런데 'Hrvata'는 크로아티아어로 '크로아티

17세기 크로아티아 용병의 모습. 목에 맨 것이 오늘날 넥타이의 유래가 된 크라바트다.

아인'이란 뜻이었다. 그러니 'Croats'나 'Hrvata'나 'Cravate'나 그 뜻은 매 한 가지였다.

개선 퍼레이드와 크라바트

1648년, 30년 전쟁이 끝났다. 파리에서는 개선 퍼레이드가 펼쳐졌다. 승자의 편에 섰던 크로아티아 기병대도 여기에 참가했다. 크로아티아 기병대가 말을 타고 화려한 복장으로 개선 행진을 할 때, 유독 파리 시민들의 눈을 끄는 것이 있었다. 바로 목에 맨 화려한 붉은 색의 천이었다.

퍼레이드를 보러 나온 이들은 너도나도 이렇게 물어봤을 것이다. "저기, 저게 뭐죠? 목에 붉은 천을 맨 저거요." 그리고 크로아티아 기병대를 아는 누군가가 그쪽을 쳐다본 후 이렇게 대답했을 것이다. "아, 저건 크라바트(크로아티

크라바트 350주년 기념식의 한 모습. 사진 속의 모습은 17세기 크로아티아 기병대의 퍼레이드를 재현한 것이다.

아 기병대)예요." "아! 멋지군요. 저걸(붉은 천) '크라바트'라고 부르는군요!" 이것이 크로아티아 기병대와 그들이 목에 매는 붉은 천을 모두 크라바트라고 부르게 된 연유다. (나중에 맨 마지막의 모음 'e'가 떨어져서 'cravat'가 됐다.)

크라바트를 사랑한 패션왕, 루이 14세

크라바트가 패션 아이템으로 확고하게 자리 잡은 것은 루이 14세 때부터였다. 1643년, 5살의 나이에 왕위에 오른 루이 14세는 30년 전쟁이 끝나가는 1648년을 전후하여 왕권을 강화하기 시작했다. 그 수단 중 하나가 왕실의 법도를 강화하고 귀족의 복식을 통제하는 것이었다. 루이 14세는 목에 희고 긴 레이스 장식이 달린 천을 매고 다니면서, 다른 이들도 이를 착용하도록 권장했다. 나중에는 왕실 공식 행사 참석의 필수 복장으로 지정했다. 루이 14세는 이를 '크라바트'라고 부르면서 "크라바트 착용에는 '30년 전쟁'의 교훈을 되새기는 의미가 담겨 있다."고 말했다 한다. 물론 패션에 유난히 관심이 많았던 루이 14세 개인 취향이었을 뿐이라는 의견도 있다.

루이 14세는 어릴 적부터 패션에 관심이 지대했다. 그림은 《루이 14세》, 이아생트 리고의 1701년작

목 보호대에서 유래한 스톡 타이

크라바트와 유사한 형태의 목장식인 '스톡 타이stock tie'는 18세기 초부터 유행하기 시작했다. 늘어지는 레이스 없이 목에 밀착하여 두른 천을 독특한 매듭으로 마무리 한 것으로 크라바트와는 확실히 차별화됐다.

미국 제3대 대통령 토마스 제퍼슨. 그의 목에 두르고 있는 것이 스톡 타이의 일종이다.

스톡 타이의 유래 역시 군대와 관련이 있다. 초기 형태는 오른쪽 사진과 같은데, 물리적으로 취약한 목 부위 부상을 막기 위한 투박한 가죽 보호대였다. 그러나 이렇게 목 전체를 가죽으로 둘러싸는 방식은 불편함이 많았다. 따라서 목의 측면과 후면은 군복 상의에 달린 뻣뻣한 칼라를 세워 보호하고, 앞부분은 칼라 주변을 두세 번 두르고 남은 천으로 두껍게 매듭을 맺어 보호하는 방식으로 개선됐다. (앞쪽에 가죽을 대고 천을 그 위에 두른 후 매듭짓기도 했다.) '매는 방식tie의 보호대stock'이니 호칭은 '스톡 타이stock tie'로 했다.

18세기 초의 영국군 가죽 보호대

한편 다음 일련의 포트폴리오는 미 남북전쟁 당시의 전쟁 영웅 윌리엄 셔먼 William Sherman 장군의 것이다. 사진 촬영을 좋아했었던지, 다른 장군에 비해 압도적으로 많은 사진을 찍었다. 흥미로운 것은 그의 군복, 정장 착용 모습을 통해 스톡 타이의 변화 양상을 유추할 수 있다는 점이다. 윌리엄 셔먼 장군은 군복에 규정대로 스톡 타이를 매거나 살짝 멋을 부려 헐겁게 매듭을 짓기도 했고 아예 리본 형태로 매기도 했다. 정장에도 다양한 형태의 스톡 타이를 매칭해 멋을 냈다.

스톡 타이를 맨 미 북군의 윌리엄 셔먼 장군

19세기, 다양한 넥-웨어의 등장

19세기, 목에 두르고 매는 것들의 형태나 소재가 대동소이해지면서 사람들은 '다양한 매듭법'으로 개성을 표현하기 시작했다. 이 시기부터 목에 두르고 매는 것들을 통칭 넥-웨어neckwears 혹은 넥-클로스neckcloths로 불렀는데 크라바트와 스톡 타이 외에 솔리테르solitaire, 커치프kerchief 등의 새로운 넥-웨어가 등장한 것도 이때다. 섬유기술 발전에 따라 넥-웨어의 재질, 색상, 레이스의 종류도 다양해졌다.

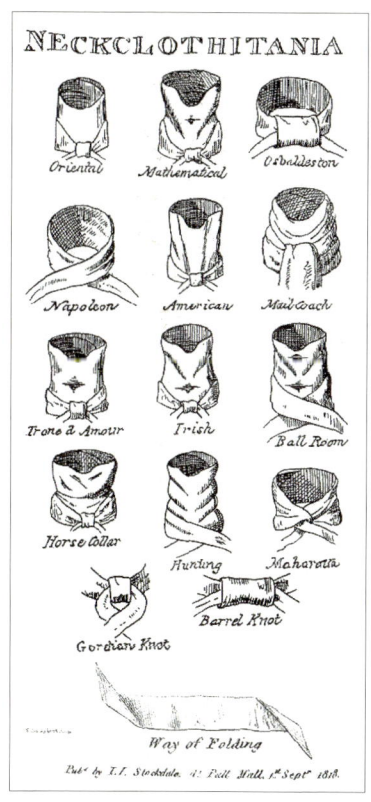

19세기 초, 다양한 넥-클로스 매듭법

넥타이의 등장

19세기 말부터 일반 대중은 기존의 풍성하고 길며 화려한 스타일 대신 짧고 단정한 디자인의 넥-웨어를 착용했다. 서구 시민사회의 미덕으로 강조되어 온 성실, 근면, 검소의 이미지가 패션에 영향을 미친 것이다. 특히 청교도적 삶을 지향하던 미국 시민사회에서는 신분 고하를 불문하고 단순 소박하며 실용적인 복장을 장려했다.

19세기에는 모든 사람들이 넥-웨어를 둘렀다. 위쪽은 미국의 가족사진. 아래쪽은 광부들이다.

이 시기 미국의 넥-웨어는 크게 두 가지로 나눌 수 있었는데, 삼각형 매듭을 지은 후 남은 천을 길게 늘어뜨린 넥타이necktie와 천이 남지 않게 매듭을 여러 번 돌린 후 리본 매듭으로 마무리하는 보타이bow tie가 그것이다. 각각 크라바트와 스톡 타이를 간소화했다고 보면 될 듯하다.

그러다가 1926년, 목에 두르고 매는 다양한 형태의 넥-웨어류를 일통하는 발명품이 나왔다. 바로 뉴욕의 재단사 제시 랭스도프 Jesse Langsdorf 가 만든 일명 '랭스도프 타이'였다. 오늘날 우리가 매고 다니는 넥타이의 원형이라고 할 수 있는 랭스도프 타이는 사선으로 자른 세 조각의 원단을 하나로 재단하는 방식과 양끝의 넓이를 다르게 한 디자인으로 특허를 받았다. 이런 방식으로 넥타이를 만들면 입체적인 매듭을 맬 수 있고 묶고 풀기 쉬우며 쉽게 구겨지지도 않았다.

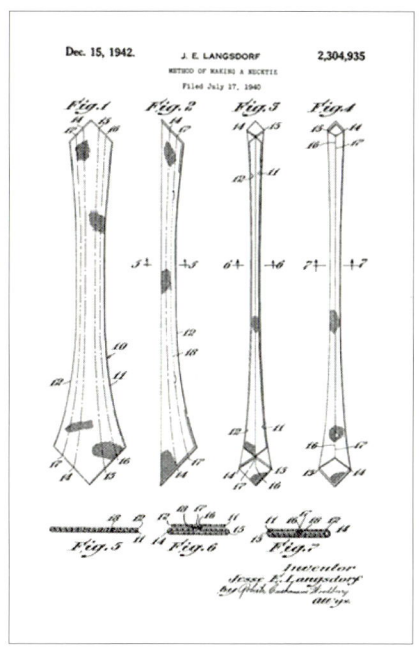

랭스도프의 넥타이 특허 도면

넥타이를 매는 가장 잘 알려진 방법, 윈저 매듭법

넥타이의 매듭법에 대해서도 짚고 넘어가지 않을 수 없다. 넥타이 매듭법 중 가장 유명한 것은 윈저 매듭법이다. 윈저 매듭법은 넓은 칼라의 셔츠에 넓은 타이를 격조 있게 맬 때 사용하는 방식으로 우리나라에서도 이를 하나의 표준처럼 인식하고 있다.

윈저 매듭법은 당대 유명인사 윈저 공(에드워드 8세)에 의해 유명해졌다. (원래는 그의 부친인 조지 5세가 고안한 것이라고 전해진다.) 잘 생기고 패션 감각이 뛰어났던 윈저 공은 늘 정장에 이 매듭으로 넥타이를 마무리했고 방송 언론을 통해 그의 모습을 본 세계인들은 이를 '윈저 매듭법'이라 부르며 따라했다.

특히 현대의 남성들 대부분은 군대를 통해 윈저 매듭법을 학습해오고 있다. 제2차 세계대전을 전후로 서구 각국 군대의 정복, 근무복, 외출복 착용 규정이 윈저 매듭법(혹은 매듭을 한 번만 돌리는 반 윈저 매듭법)을 기준으로 채택했기 때문이다. 우리나라 역시 윈저 매듭법을 정복 착용시 넥타이 매듭법으로 제시하고 있다.

윈저 매듭법으로 넥타이를 묶은 윈저 공. 위는 에드워드 왕자 시절, 아래는 퇴위 후 윈저 공 시절

22

손목시계
Wristwatch

'좋았던 시절'의 고급 소지품, 회중시계

유럽 문물 전반이 최고조로 성숙하여 사람들이 '벨 에포크 belle epoque ; 좋았던 시절'라고 부르던 시대가 있었다. 이 좋았던 시절은 1800년대 중반의 어디쯤에서 시작하여 정확히 1914년에 끝났다. 1914년에 제1차 세계대전이 시작됐기 때문이다. 문물의 발전과 함께 사람들이 시간과 공간을 인식하는 방법도 달라졌다. 사람들은 '동시성 simultaneity'이라는 새로운 현상을 경험했다. 전자통신, 철도와 같은 새로운 기술이 확산되면서 현재 the present time, 속도, 형태, 거리에 대한 서구 사회의 관념을 완전히 바꾸어 놓았다.

새로운 관념, 경험, 문물이 시민사회 속으로 빨리 퍼지는 데에 기여한 것 중 하나는 휴대용 시계의 보급이었다. 가격이 비싸긴 했지만 주머니에서 꺼내는 고풍스러운 회중시계가 19세기 신사의 상징이 되면서 휴대용 시계는 성인 남성의 필수품이 됐다. 오늘날 졸업선물로 만년필을 주는 것처럼 뒷면에 가문의 표식이나 이름의 이니셜이 새겨진 회중시계를 사슴가죽 주머니에 넣어 선물하는 것이 유행이었다.

새로운 시대, 새로운 전쟁, 새로운 시계

문물 전반이 최고조로 성숙한 것과 비례하여, 아이러니하게도 갈등과 분쟁도 잦아졌다. 발칸과 세르비아에는 언제 전쟁이 벌어져도 이상할 것 같지 않은 긴장 상태가 이어지고 있었다. 따라서 전쟁을 준비하는 각국 군대에서는 벨 에포크를 있게 한 문명의 이기를 최대한 군대 안으로 옮겨오는 작업이 한창이었다. 동시성 개념에 기반한 전쟁·전투의 새로운 아이디어와 개념이 쏟아져 나와 전쟁 수행 방식과 군사작전 활동에 다양한 변화가 있었다. 1870년대 프러시아는 병력 동원과 부대 이동을 위한 철도 시간표 작성을 장교 교육의 핵심 과목으로 편성했다. 1890년 몰트케Helmuth von Moltke는 군사적 목적을 위해 세계표준시를 도입할 것을 강력히 주장했다.

1914년의 전장에서는 상당히 이채로운 광경이 목도되곤 했는데 그것은 시간을 맞춘 손목시계를 전투시작 전에 나누어주는 것이었다. 어디서 언제 날아오는 총탄에 의해 생이 끝날지 모르는 상황에서 손목의 작은 시계를 들여다보고 있는 모습은 기괴해 보이기까지 했다. 1916년 7월 1일 아침, 프랑스 북부 솜Somme강에서 이런 일이 일어났다. 오전 7시가 되자 수백 명의 소대장들은 손목시계를 들여다보고 있었는데 사전에 계획된 대로 오전 7시 30분에 호루라기를 불기 위해서였다. 그리고 분침이 정확히 30분을 가리키자 호루라기 소리가 울려 퍼졌고 일제히 참호에서 나온 영국 제3군, 제4군의 병사들은 독일군이 방어하고 있는 곳을 향해 그들의 교범에 적힌 대로 똑바로 선 채 서서히 전진해 나갔다. 그리고 참호에서 나온 군인 대부분은 다시 집으로 돌아가지 못했다.

제1차 세계대전 당시의 영국 손목시계 광고

손목시계는 원래 여성용품

한편 이 손목시계는 제1차 세계대전 이전만 하더라도 남성이 착용하기에는 낯부끄러운 것이었다. 그러나 전쟁 계획과 시간 계획을 중심으로 톱니바퀴처럼 움직이는 작전을 추구했던 제1차 세계대전에서 손목시계는 지도나 나침반만큼이나 중요한 필수품이 됐다. 제1차 세계대전에서 손목시계가 유행하게 된 이유를 달리 설명하는 이들도 있다. 미국 제1차 세계대전 박물관의 학예연구사 도란 카트 Doran Cart 씨는 인터뷰에서 다음과 같이 말했다.

"제1차 세계대전은 그 이전의 전쟁과 완전히 다른 것이었는데 가장 달랐던 점은 이것저것 들고 매고 가지고 다닐 게 엄청나게 많아진 거예요. 그런데 주는 건 잔뜩 주고 그걸 넣어 다닐 가방을 더 주거나 옷에 주머니가 더 늘어나진 않았단 말이죠. 그러니까 제가 하고 싶은 말은 이거예요. 회중시계를 어디 주머니에 넣었다 뺐다 할 수가 없었다니까요? 그래서 회중시계를 꺼내서 헝겊이나 가죽으로 손목에 묶어서 다닌 게 손목시계의 시작입니다."

영국 전쟁부는 몇몇 시계 장인이 경영하는 공방에 의뢰하여 손목시계를 대량생산하기 시작했다. 다음의 사진 및 광고 그림이 바로 제1차 세계대전 당시의 제품들이다.

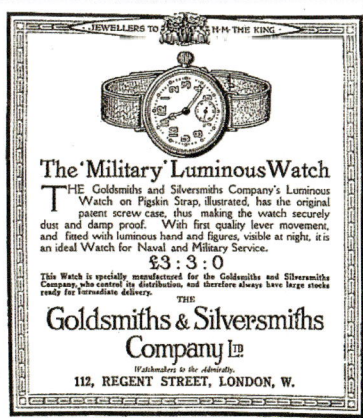

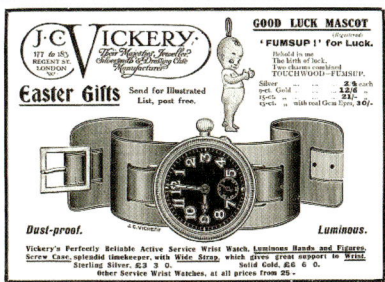

"시각을 확인하고 공격 개시하라!" "시계가 없는데요?"

시간 계획에 의한 전쟁은 제1차 세계대전을 통해 처음 시도되는 것이었다. 독일군 총참모부에서 '프랑스-러시아 양면 전쟁 계획'이란 가제로 처음 전쟁 계획을 구상할 때는 모든 것이 완벽해보였다. 특히 부대의 수준을 전투력, 편제, 장비 등의 기준으로 구분하여 나누고 전장 상황을 시간 단위로 분절하여 나누는 아이디어는 획기적인 것이었다.

당대 최고의 인재들로 구성된 총참모부에서 만든 시나리오 속 전투는 시간 단위로 일정 공간에 더 많은 부대를 신속 정확하게 보낸 쪽이 승리하는 기계적인 우세 싸움이었다. 그러나 이 아이디어가 현실에 구현되었을 때 사람들은 이것이 전혀 작동하지 않는다는 것을 알게 됐다. 문제는 아주 단순한 곳에 있었다. "장병들에게 시계가 없었던 것이다."

당시 개인 휴대용 시계는 고가의 사치품이었다. 최전방에 배치될 일반 장병들이 가질 만한 것이 아니었다. 만약 갖고 있다고 해도 전장에 소지하고 나가진 않았다. 가문의 유품이나 선물로 회중시계를 받아 소지하고 있었다면 전장에 투입되기 전에 집으로 돌려보내거나 누군가에게 맡겨 놓는 것이 상례였다.

"그럼 시계를 나눠주어라!" "시계가 너무 비싼데요?"

어쨌든 당대 유럽 각국은 모두 독일군 총참모부에서 구상한 것과 유사한 새로운 형태의 전쟁 계획을 수립해놓고 있었으며 작전을 수행하려면 전선의 장병이 시계를 휴대하고 있어야 했다. 이제 와서 계획을 바꾸는 것은 불가능했다. 그것은 전쟁 계획, 작전 수행의 차원에서뿐만이 아니라 기본 전술에서도 그러했다. 이를테면, 포병의 공격준비사격이 끝난 뒤 포격이 연신[1] 될 때, 참호를 나가 일제히 전진하려면 지금이 몇 시 몇 분인지 모르면 안 되었다.[2] 그

---

1) 아군의 전방에 있는 적군의 방어선에 포격을 하다가 공격개시에 맞춰 적 전선의 뒤쪽으로 포격을 하여 후방에서의 지원을 차단하는 것.

제1차 세계대전 당시 독일군 참호를 향해 공격하고 있는 영국군

렇다면 남은 방법은 부대에서 시계를 일괄 구매하여 개인에게 보급하는 것이었다.

그런데 막상 나눠주려고 보니 시계가 비싸도 너무 비쌌다. 당대의 휴대용 시계 가격에 관한 정확한 통계는 없지만 1915년 기준, 군용 손목시계의 평균 가격은 2파운드 전후였을 것으로 추정된다. 오늘날로 따지면 32만 원선이다. 1개 대대에만 나눠줘도 1억 5천만 원 가량이 소요될 테니 어쩔 수 없이 선두 공격 제대의 소대장들에게 선택적으로 손목시계를 보급했다. 연대 혹은 사단별로 예산을 들여 구입했거나 귀족 출신의 지휘관이 일괄 구매하여 예하 부대 지휘자들에게 나누어 주었을 것이다.

손목시계는 1차 세계대전을 거치며 '신사의 휴대품' 이미지를 굳혔다. 전장에서 작전 계획을 설명하며 시간을 확인하는 장교들의 모습으로부터 손목시계는 계획성, 준비성, 리더십 등의 이미지를 획득했다.

"참호 시계, 가죽 끈, 은제 케이스,
2파운드 2실링부터"

제1차 세계대전 당시 신문 귀퉁이에 있던 손목시계 광고

---

2) 처음에 이 시계를 '손목시계', 즉 wrist-watch라 부르지 않고 '참호시계, trench-watch'라고 부른 것은 이러한 참호 전투의 강한 이미지 때문이었다.

공군 조종사 시계 Pilot Watch

한편, 공군 파일럿들도 손목시계의 멋진 이미지를 대중들에게 각인시키는 데 기여했다. 파일럿은 항시 시간을 확인하며 조종해야 했다. 단적으로 항공기 이륙 후 얼마나 시간이 지났는지 수시로 확인해야 남은 연료량과 착륙 지점까지의 거리를 계산하여 안전하게 복귀할 수 있었다. 따라서 조종사에게 시계는 단순 시간 확인 도구가 아닌 크로노그래프 chronograph였다.

당시 영국 공군 조종사는 대부분 귀족 출신의 파일럿들로 대부분 회중시계를 가지고 있었고 더 비싼 시계라도 구입할 여유가 됐다. 다만 귀족 출신의 영국 파일럿들은 여자나 할 법한 손목시계를 차는 것에 거부감을 느꼈다. 하지만 달리 방법이 없었다. 가죽장갑에 방한장갑까지 겹쳐 낀 손으로 주머니 속에 든 회중시계를 꺼내 시간을 확인하는 것은 불가능했기 때문이다. 항공기의 좁은 콕핏 안에서 조종간을 잡은 채 시간을 확인할 방법은 손목에 시계를 차는 것뿐이었다.

파일럿의 시계는 생존에 직결되는 장비였으므로 정확성, 내구성이 필수적이었다. 그러면서도 조종간을 다루는 파일럿의 섬세한 감각에 영향을 미치지 않아야 했다. 가볍고 얇은 디자인일수록 좋았다. 이는 귀족 출신 파일럿의 취향을 만족시켰다. 유명하다는 시계 장인들은 '파일럿들이 착용하는 손목시계'라는 명성을 얻기 위해 경쟁을 벌였다. 경쟁의 결과로 품질은 확연히 좋아졌다.

공군 조종사 시계와 까르띠에 산토스 시리즈

흔히들 '최초의 파일럿 손목시계'라고 인정하는 것이 까르띠에 Cartier의 산토스 시리즈다. 파일럿의 선구자 알베르토 산토스-뒤몽 Alberto Santos-Dumont

의 이름에서 따왔다. 브라질에서 태어나 파리에서 활동한 전설적인 인물 알베르토 산토스-뒤몽은 항공기 조종에 맞는 파일럿 손목시계의 필요성을 느꼈고 유명 시계 장인 루이스 까르띠에에게 제작을 요청했다. 첫 작품이 나온 것은 1904년이었는데 이 오리지널 시리즈의 디자인은 지금도 크게 변하지 않았다.

이후 공군의 요구 성능 기준을 통과하여 납품한 시계 회사들은 명성을 얻고 명품 시계 회사가 됐다. 대표적인 곳이 독일 공군에 시계를 납품한 아 랑에 운트 죄네, IWC, 뱀페, 스토바, 라코와 연합군 측에 납품한 론진, 제니스, 오메가, 해밀턴 등이다.

초기 형태의 항공기 조종석에 앉아 있는 알베르토 산토스-뒤몽(상), 1904년에 나온 까르띠에 산토스(하)

23

륙색과 백팩
Rucksack & Backpack

륙색이란?

'륙색rucksack'은 독일 방언 'rücken' + 'sack'에서 온 것으로 '등에 메는 가방, 배낭'이란 뜻이다. 독일 산악지대를 다니는 일꾼들이 사용하던 가죽 배낭이 그 유래일 것으로 추측된다. 더 무거운 물건을 옮길 수 있도록 나무로 만든 프레임을 가미한 것은 크락시Kraxe라고 불렀다. 처음에는 가죽 배낭이나 나무 크락시를 모두 구분 없이 륙색으로 불렀다.

한편, 륙색의 사전적 정의는 "등산이나 하이킹 따위를 할 때 필요한 물건을 넣어 등에 지는 등산용 배낭背囊"이다. 요즘 세대는 잘 쓰지 않지만 예전에는 군용 배낭 등을 '륙색'이라고 불렀다.

륙색이란 단어가 우리 기록에 처음 등장한 것은 1947년 동아일보다. 김영수가 연재소설《길》제13편에 여행 떠나려는 사람을 묘사하면서 "무엇인지 벌써 불룩하게 넣은 륙색을 낑낑거리며 팔에다 꾀었다."고 썼다. 아마도 일본 와세

다양한 형태의 크락시

다대학 영문과를 다니던 시절 일본인들이 배낭을 '류쿠세쿠 リュックサック'라고 부르던 것을 듣고 옮겼을 것이다.

전쟁과 륙색의 변화

크고 작은 장비와 물품을 휴대, 운반해야 하는 군인들에게 륙색은 한 몸과 같았다. 륙색은 덴마크, 노르웨이, 독일 산간지대에서 주로 보이다가 18세기를 전후로 유럽 각국과 미국 군대에까지 전해졌다. 미 독립전쟁이나 남북전쟁을 다룬 영화, 드라마를 보면 군인들이 한쪽 어깨에 긴 끈이 달린 가방을 맨 것을 찾을 수 있을 것이다. 이것 역시 륙색의 일종인데 하버색 haversack이라고 불렀다. 지금부터 다양한 륙색들 중에서 몇 가지를 골라 그 유래와 용도에 대해 알아보자.

1) 하버색

18세기 말부터 군인들은 간단한 물건이나 식량을 넣어 다닐 수 있는 하버색을 매고 다녔다. 하버색은 독일어 'hafer sack'에서 온 것으로 원래는 '귀리 부대(가방)'이라는 뜻이다. 농부들이 사용하는 귀리 부대처럼 생겼다고 해서 붙은 이름이다.

대략 이때쯤부터 무거운 장비 등을 실어 나르는 가방은 륙색, 가벼운 개인 휴대품을 넣어 다니는 가방은 하버색으로 구분해 부른 것으로 보인다. (이전에는 명칭에 대한 뚜렷한 구분이 없었다.) 하버색은 원래 한쪽에만 어깨끈이 있었는데 제1차 세계대전 때는 양쪽 어깨끈이 있는 백팩 형태의 하버색이 병사들에게 보급되기도 했다.

19세기 이전까지 미군에서 사용했던 하버색. 한쪽 어깨에 메는 형태였다.

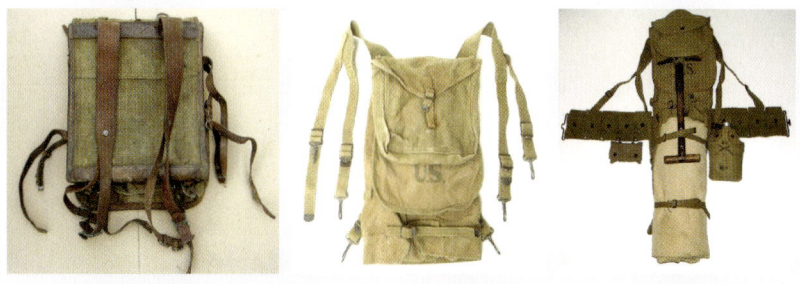

제1차 세계대전에서 사용됐던 하버색. 좌측은 1910년 무렵 독일군에게 보급됐던 것이고 중앙은 1928년 미군이 개량하여 사용하던 것(M1928)이다. 우측은 미군 하버색과 다른 장구류들을 모아놓은 모습

2) 냅색

냅색knapsack은 통상 캔버스 천으로 만든 가방을 뜻한다. 'knap'은 옛 독일어로 '한입 거리의 음식'이란 뜻인데 그 말대로라면 냅색은 '식료품(도시락) 가방' 정도로 해석할 수 있겠다.

제2차 세계대전을 전후해서 영국군, 미군은 냅색을 장병들에게 보급하기 시작했다. 냅색은 하버색보다 부피가 크고 양 어깨끈을 이용하여 등에 메는 것이 특색이었다. 기존의 하버색에는 개인 휴대품을 간단히 넣어 다니고, 냅색에는 전투장구류를 넣어 다녔다.

이렇게 하여 제2차 세계대전부터 다음 표와 같이 류색, 하버색, 냅색이 대략적으로 구분됐다.

통상 냅색하면 떠올리는 가방. 그러나 이것은 '끈 가방'이라고 부른다.

구 분	류색	하버색	냅색
수납대상	크고 무거운 물건	개인용 휴대품	전투장구류
특 징	나무나 철 프레임	외 어깨끈	양 어깨끈

제2차 세계대전 당시 미 해병대에 보급됐던 냅색 + 하버색 세트(좌 : 앞면, 우 : 뒷면). 냅색과 하버색을 상하로 연결해 등에 멜 수 있었다. 필요에 따라서 분리해 따로 사용할 수도 있었다.

3) 다시 륙색으로

한편 제2차 세계대전기 영국 육군은 특공대에 륙색을 보급했다. 아래의 사진은 그 초기 형태(1942년형) 중 하나다. 산악을 이용해 적의 측후방으로 기동하는 특공 작전의 특성상 탄약, 장비, 보급품을 상당량 휴대하고 이동할 수 있도록 크고 튼튼한 륙색이 필요했던 것이다.

영국 육군이 특공대에 보급했던 이 륙색이 오늘날 군대의 전투 배낭, 또 일반적으로 우리가 사용하는 백팩의 원형이라고 할 수 있다.

제2차 세계대전기에 영국 특공대에 지급됐던 륙색

산악사단을 위해 특화된 형태의 륙색 탄생

륙색은 제2차 세계대전을 기점으로 세계 각국 군대, 특히 산악사단Mountain Division에 널리 보급됐다. 미 육군은 1941년 여름, 개인 휴대품과 전투장구류를 한 데 넣을 수 있는 륙색(1941년형)을 개발하여 산악사단 장병들에게 보급했다.

제2차 세계대전기 산악사단에 보급됐던 륙색. 미군(좌상), 이탈리아(우상), 독일군(하)

1941년형 륙색의 가장 큰 특징은 외부에 있는 세 개의 큰 주머니와 뒷면의 철제 프레임이었다. 다양한 물품과 장비를 구분하여 넣을 수 있었고 무거운 물건을 안정적으로 운반할 수 있었다. 어깨와 등의 부담을 줄이기 위해 끈과 허리 지지대 등에 두꺼운 패드가 장착된 것도 주목할 만한 변화였다. 그러나 최초의 개발 보급품인 만큼 여러 가지 문제점이 지적됐다. 이에 미 육군은 개량을 거듭하여 1942년형과 1943년형 륙색을 내놓았다.

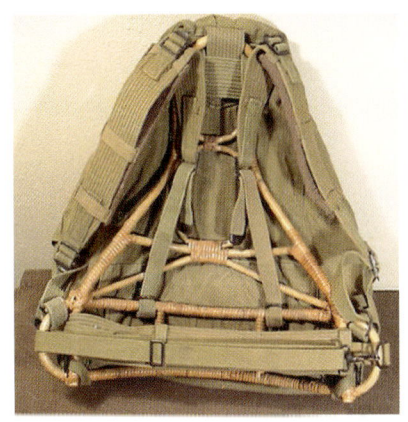 

1942년형과 1943년형 미 육군 산악사단 륙색의 뒷면. 철제 프레임이 보인다.

　전쟁이 한창이던 1944년에는 하나의 큰 륙색 대신 전투장구류를 담는 냅색과 개인휴대품을 담는 하버색을 결합·분리하여 메고 다닐 수 있는 형태의 야전배낭 field pack이 보급됐다. 상륙 공격하는 해병이나 지상 공격하는 보병은 아래쪽의 하버색을 떼어내고 냅색만을 메고 출정함으로써 군장을 경량화할 수 있었다.

1944년형(M1944) 야전배낭. 위쪽을 전투용 배낭, 아래쪽을 짐용 배낭이라고 불렀다.(상)
1944년형 야전배낭을 결합한 모습. 오른쪽은 어깨끈이다.(하)

앨리스 시스템 배낭의 등장

　제2차 세계대전 말기부터 륙색에 주머니, 각종 끈, 지지대, 프레임 등을 붙였다 떼었다 할 수 있는 것을 '야전배낭'이라고 부르기 시작했다. 단순한 배낭이라기보다는 이것저것이 결합된 시스템이었다.

　륙색, 야전배낭의 디자인과 기능에 큰 변화가 온 것은 베트남전쟁기였다. 베트남전쟁에서 지상군은 모든 짐을 짊어지고 정글에서 며칠이고 버텨야 할 때도 있었고 공격에 필요한 최소한의 전투장구류만 가지고 수색정찰을 나가야 할 때도 있었다. 군사과학기술, 무기 체계의 발전에 따라 각개 장병이 다룰 줄 알고 휴대해야 하는 장비와 무기도 많아졌다. 따라서 다양하고 많아진 장비, 무기를 여러 가지 상황과 임무에 맞게 수납할 수 있는 디자인과 기능이 전쟁기간 동안 실험되었다. 그리고 최종적으로 선택된 것이 앨리스 ALICE 시스템 배낭이었다.

앨리스 시스템 배낭의 일부인 1967년형 륙색

'ALICE'는 'All Purpose Lightweight Individual Carrying Equipment'의 약자로 그 뜻은 '다목적 경량화 개인 운송 장비'였다. 1956년부터 실험, 개량을 거쳐 1967년에 앞의 그림과 같은 형태로 자리 잡았다. 군 생활을 한 분이라면 매우 익숙한 디자인일 것이다. 앨리스 시스템 배낭의 특징 중 하나는 아래의 그림처럼, 작전의 형태와 목적에 따라 분리·결합하여 경량화·모듈화할 수 있다는 점이었다. 참고로, 앨리스 시스템의 알맹이라고 할 수 있는 배낭은 여전히 '륙색'이라고 불렸으며 제2차 세계대전 때의 그것과 크게 달라지지 않았다.

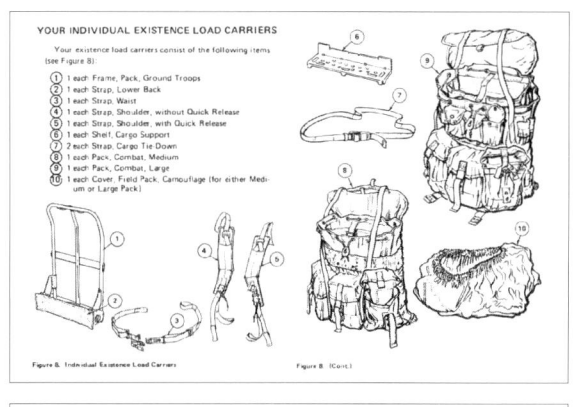

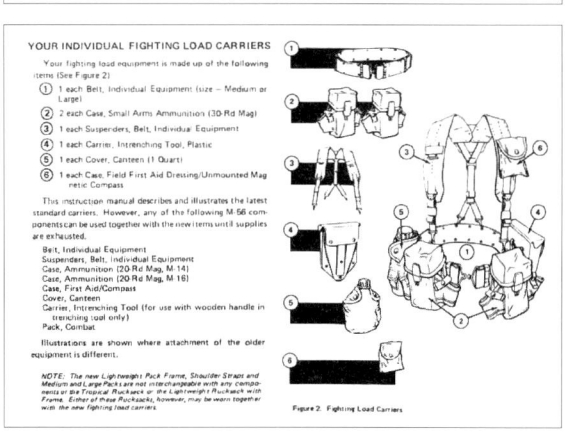

앨리스 시스템 배낭의 분리·결합 분해도

현재 미 육군의 몰 시스템 배낭

앨리스 배낭은 중간에 몇 번 디자인과 기능이 바뀐 후 현재의 몰MOLLE 시스템 배낭으로 자리 잡았다. 'MOLLE'은 'Modular Lightweight Load-carrying Equipment'의 약자로 '모듈화 경량 운송 장비'라는 뜻이다. 몰 시스템 배낭은 분리·결합을 통해 경량화, 모듈화를 추구한 앨리스 시스템 배낭의 완성판이라고 할 수 있다. 1997년에 야전 시험 적용을 실시하면서 육군과 해병대에 보급된 이래 '과학적이고 혁신적'이라는 평가를 받았다.

그러나 2003년 이라크 전쟁 발발 이래 실전 평가에서는 여러 가지 문제점(플라스틱 부품의 미약한 강도, 허리에 무게 쏠림 현상 등)이 발견 됐다. 이후 지속적인 보완이 있었고 현재 미 육군은 몰-2 시스템 배낭을 사용하고 있다.

여러가지 문제점이 발견됐던 구형의 몰 시스템 배낭(좌), 두 번의 개량 끝에 현재 미 육군에서 사용하고 있는 몰-2 시스템 배낭과 몰-2 륙색(우상, 우하)

륙색에서 백팩으로

지금까지 독일 산악지대 짐꾼들이 쓰던 '크락시'가 어떻게 1947년 소설가 김영수가 우리나라에 처음 소개했던 '륙색'이 되었는지, 양차 세계대전을 거친 륙색이 베트남전, 이라크전 등에서 어떤 변화를 거쳐 오늘날의 미 육군 시스템 배낭으로 자리 잡았는지 살펴봤다.

한편 백팩의 원형을 찾아 륙색의 역사를 거슬러 올라가다보면 제2차 세계대전기 영국 육군 특공대의 그것을 만날 수 있지만, 어디까지가 륙색이고 어디서부터 백팩인지 구분하는 것은 쉽지 않다. 군대에서는 아직도 륙색과 백팩(혹은 팩)을 구분하고 있지만 요즘 들어서는 그 경계가 많이 희미해졌다.

지금부터는 언제부터 백팩이 민간에 소개되어 유행하기 시작했는지, 그 첫 계기는 무엇이었으며 어떤 디자인과 기능에 사람들이 관심을 가졌는지 등을 알아보도록 하겠다.

현대적인 백팩의 효시, 지퍼드 백팩과 사첼

상업용 백팩의 효시로는 통상 1930년 말에 게리 아웃도어스 Gerry Outdoors사에서 개발·출시했던 지퍼드 백팩 zippered backpack을 꼽는다. 레저, 캠핑용으로 내놓은 지퍼드 백팩은 당대 신기술인 나일론과 지퍼를 도입하여 제작했다. 디자인은 오늘날 백팩과 매우 유사한 것이었다.

질기고 편리하면서도 가벼워 호평을 받았지만 시대를 너무 앞서간 것이 문제였다. 상업적으로 큰 성공을 거두진 못했다. 그러나 지퍼드 백팩은 아웃도어 패션 역사에 중요한 방점을 찍은 제품으로 평가받고 있다.

1938년 지퍼드 백팩의 첫 모델

    한편 백팩이 가장 필요한 것은 학교에 다니는 학생들이었다. 학생은 매일 조금씩 다른 여러 가지 물품을 들고 매일 집과 학교를 왕복해야 한다. 백팩은 체격에 비해 무거운 것을 들기 편하며 양팔이 자유로워 행동을 크게 구속하지 않기에 특히 어린 학생들에게 안성맞춤이었다.

    1930년대까지만 하더라도 학생들 대부분은 교과서 등을 손에 들고 다니거나 끈으로 묶어 가지고 다녔다. 그러다가 1930년 중후반 프랑스에 작은 가죽이나 천으로 만든 학생용 가방이 등장했다. 그중 특이한 것은 사첼satchel이라고 부르는 작은 가방이었는데 우리가 익히 알고 있는 서류 가방과 모양이 같았다. ('사첼'은 옛 프랑스어로 '작은 가방'이란 뜻이었다.) 실제로 아버지나 손위 형제가 사용하던 낡은 서류가방을 물려받아 학교에 들고 다니는 학생도 있었을 것이다.

1930년대 캔버스 천으로 만든 학생용 사첼(좌), 1940년대 학생이 메고 다니던 가죽 사첼(중), 1930년대 집배원이 들고 다니던 사첼(우)

원래 사첼은 하나의 끈을 한쪽 어깨에 메고 다니도록 되어 있었다. 그런데 누군가 어깨끈을 사첼 위의 손잡이 사이로 통과시켜 양쪽 어깨에 메고 다니기 시작했다. 아마도 1930년대 말 프랑스의 어느 학생이 이렇게 양쪽으로 메는 법을 유행시켰을 것이다. 이 아이디어는 곧 상품화 됐다. 이때부터 등에 메는 사첼을 '사첼 백팩'이라고 부르기 시작했다.

《시청 앞에서의 키스》(1950)로 유명한 사진작가 로베르 드와노가 포착한 사첼을 멘 학생들의 모습. 좌로부터 양쪽에 멜 수 있게 개량한 것, 어깨끈을 손잡이에 통과시켜 양쪽에 멘 것, 등에 멜 수 있게 상품화된 것이다.

지퍼드 백팩의 진화형, 데이 팩

1960년 말에 켈티 Kelty와 잔스포츠 JanSport에서 거의 동시에 데이 팩 day pack 으로 불리는 작은 배낭을 내놓았다. 크고 튼튼한 군용 륙색과 가볍고 작은 등산·캠핑용 지퍼드 백의 장점을 합친 형태였다.

데이 팩은 1960년 말의 문화 코드와 맞아 떨어지면서 선풍적 인기를 끌었다. 특히 독립, 자유, 도전, 용기의 가치를 중요시하던 미국 청년들의 취향에 잘 맞았다. 청년들은 데이 팩을 들고 세계 곳곳, 사회 구석구석을 누볐다.

1960년대 잔스포츠 데이 팩 초기 모델 중 하나(상), 켈티 데이 팩의 기본형(하)

가방, 배낭류 패션의 역사에서 데이 팩은 중요한 상징적 의미를 가진다. '가방의 문화사'를 다룬 한 칼럼에서는 1970년대와 데이 팩을 연관 지어 평가하면서 "인류 역사상 처음으로 신분 고하에 구애받지 않고 남녀노소 누구나 가지고 다닌 패션 아이템이 바로 데이 팩이었다."고 썼다.

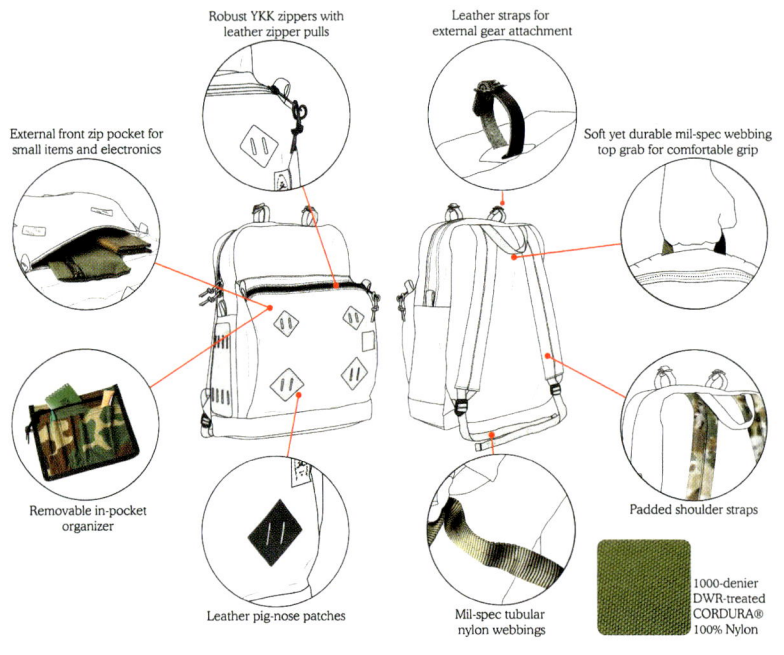

'데이 팩'의 기본 요소와 특징을 모두 모아놓은 도안

륙색에서 데이 팩, 데이 팩에서 백팩으로

1980년대는 브랜드 백팩의 통일 시대였다. 그 이전까지 가방, 배낭의 세계에는 각기 다른 용도, 기능, 디자인을 가진 륙색, 크락시, 하버색, 냅색, 지퍼드 백팩, 데이 백 등이 우세 없이 공존해왔다. 여기에 유명 패션, 스포츠 브랜드가 뛰어든 것이다. 1980년대부터 브랜드 파워를 앞세운 제품들이 지금까지 존재했던 가방, 배낭류의 차이와 특성을 일거에 흡수했다.

  하버색과 데이 팩의 구분이 사라진 것은 아니었지만 도심의 대중들은 브랜드명만으로 충분했다. 대중들은 쓸모에 맞는 다양한 배낭을 사용하기보다, 여러 가지 필요와 용도에 두루 사용할 수 있는 보편화, 표준화된 백팩을 선호했다. 아래의 나이키 백팩, 아디다스 백팩처럼 말이다.

나이키와 아디다스의 백팩. 표준화, 보편화된 디자인과 기능. 한눈에 알아볼 수 있는 브랜드 로고의 전면 배치가 특징이다.

사진 출처

개리아웃도어즈 홈페이지 p245 상 / 거번먼트이그제커티브 홈페이지 p148 상, 하 / 게임스터크래프터 홈페이지 p28 / 공군 "공감" 홈페이지 p209 하 좌우 / 구글 특허 검색 p221 / 국방일보 p203, p209 상 / 글래머매거진 홈페이지 p183 상 / 글로버올 홈페이지 p74 좌, 중, 우 / 내셔널퍼블릭라디오 홈페이지 p150 / 뉘른베르크 국립박물관 홈페이지 p91 하 좌우 / 뉴욕타임즈 홈페이지 p184 상 / 대영제국 박물관 홈페이지 p65 상 / 디에센셜맨 홈페이지 p140 좌, 중, 우 / 디파추어 홈페이지 p36 / 런던 국립초상화 박물관 홈페이지 p91 상 우 / 런던 박물관 홈페이지 p53 상 / 레이-밴 홈페이지 p196, p198 상, 하 / 로널드 레이건 대통령기록관 p46 좌, 우 / 로얄타이거기어닷컴 홈페이지 p145 / 마이킬트메이커 홈페이지 p193 하 / 메트로폴리탄 박물관 홈페이지 p110 상 좌우, 하 좌중우 / 미 국립문서기록관리청 p27 하, p98 상, 하, p98, p128, p218 상 좌우, 하 / 미 국립초상화 박물관 홈페이지 p216 / 미 백악관 홈페이지 p44 / 미 역사박물관 홈페이지 p93 / 미 육군 군사연구소 p27 상, p195 상 / 미 해군 군사연구소 홈페이지 p65 하 / 미 해군 홈페이지 p55 우 / 미 해병대 박물관 p236 하 좌우 / 백앤드트래블 홈페이지 p233 상 좌우, 하 좌우 / 벨앤로스 홈페이지 p205 우 / 부트스트랩패션 홈페이지 p81 상 좌우 / 빈티지에브리데이 홈페이지 p130 하 좌우 / 빈티지패턴팬덤 홈페이지 p24 우 / 세일러문 공식 홈페이지 p52 상 / 스미소니언 박물관 p33, p80 / 스코틀랜드 왕립연대 박물관 홈페이지 p193 상 / 스타일마이라이드 홈페이지 p130 중 좌우 / 아미앤드아웃도어즈 홈페이지 p146 / 아쿠아스큐텀 홈페이지 p37 / 알리익스프레스닷컴 홈페이지 p142 상, 하 / 암스테르담 박물관 홈페이지 p102 / 앳더프론트닷컴 홈페이지 p181 / 야후재팬 p58 좌, 우, p59, p60 좌, 우, p61 / 에퍼슨마운트니어링 홈페이지 p248 / 엠알뮤비-리뷰닷컴 p50 / 엣시닷컴 홈페이지 p68 좌, 우 / 영국 국립문서기록관리청 p22 상, p25 좌, 우, p73 상 좌우, 하 좌우, p229 상 / 영국 데일리메일 홈페이지 p47 좌, 우, p99 상 / 오드리 헵번 재단 p184 하우 / 올드픽처닷컴 홈페이지 p56 하 / 올리브드랍닷컴 홈페이지 p240 상, 하, p242 상, 하 / 원트해브잇 홈페이지 p130 상 좌우 / 월스트리트저널 홈페이지 p35 / 위키피디아 p13, p15, p17 상, 하, p22 하, p40 상, 하, p41 상 좌우, 하 좌우, p43 하, p52 하, p53 하 좌우, p54, p56 상 좌우, p57 좌, p81 하 좌우, p82 좌, 우, p87 하, p89 상, p91 상 좌, p95 좌, 우, p117 상 좌우, 하, p124 좌, 우, p139 중, 우, p160, p165, p167, p169, p170, p171, p172, p177, p190 상, p197, p215, p219, p223 상, 하, p226, p227 상, 하 좌우, p229 하, p231 상, p243 하 / 유튜브 채널 p153, p154, p189 상, 하, p204 / 육군 블로그 아미누리 p147 / 이베이 홈페이지 p66 상 좌, p84 상 좌우, 하 좌우, p94 상, 하, p107 상 좌우, p136 좌, 우, p143 좌, 우, p237 좌, p238 하 좌우, p241, p243 우 상하, p249 / 임페리얼 전쟁 박물관 홈페이지 p32 / 잔스포츠 홈페이지 p247 상 / 제트 파일럿 오버시즈 워드프레스 홈페이지 p45 상, 하 / 젠틀멘스가제트 홈페이지 p72 상, 하, p75 상, 하, p76 상 좌우, 하 / 체리트리 홈페이지 p87 상 좌우 / 캐나다국립문서기록관리청 p178 / 케네디 대통령 도서관 p184 하 좌 / 케닉스 코너 홈페이지 p155 상 / 크로아티아위크 홈페이지 p213 / 크리스토퍼 제임스 홈페이지 p180 / 타켓 홈페이지 p133 / 타이즈닷컴 홈페이지 p63 / 투어달마시아닷컴 홈페이지 p212 / 퍼머넌트스타일 홈페이지 p78 상, 하 / 포가튼웨폰 홈페이지 p235 상 / 핀터레스트 p19, p30 상, 하, p48 상 좌우, 하 좌우, p49 상 좌중우, 하 좌중우, p57 우, p64, p66 상 하, p67, p77 좌, p85, p89 하 좌우, p92, p96 상, p104, p105 좌, 우, p107 하 좌우, p108 하 좌우, p118 중 좌우, p120 상 좌우, 하 좌우, p121 상 좌우, 하, p122 상 좌우, 하 우, p125 하, p126 상 좌우, 하, p127, p129 좌, 우, p131 좌, 우, p138 상 좌우, 하, p139 좌, p151 상 좌우, p156, p157 상, p159 상 좌중우, 하, p163, p188, p191 하 좌우, p207, p217, p220 상, 하, p235 하 좌중우, p238 상 좌우, p239 좌, 우, p245 하 좌중우, p247 하 / 헌터 부츠 홈페이지 p173 상 좌우, 하 / 헤리티지 재단 p168 / 호주국립박물관 p55 좌 / 히스토리닷컴 홈페이지 p43 상 / BAMF스타일 홈페이지 p38 / BBC 세계의 역사 홈페이지 p166 / CFB 에스퀴몰트 해군 및 군사 박물관 홈페이지 p155 하 / imdb 홈페이지 p20, p26, p79, p161, p195 하 / Mic 홈페이지 p186 하 좌우, p187 좌, 우 / QM패션 홈페이지 p144 / TMDb 홈페이지 p206 하 / upi 홈페이지 p99 하

https://upload.wikimedia.org/wikipedia/commons/f/fa/Cheshire_Regiment_trench_Somme_1916.jpg p34
http://hd.housedivided.dickinson.edu/node/40379 p96 하
http://keptar.oszk.hu/html/kepoldal/index.phtml?id=006385 p103
https://commons.wikimedia.org/wiki/File:9e_Hussards,_par_Victor_Huen.jpg p108 상
https://www.quora.com/Why-do-U-S-forces-have-different-uniforms p113
http://www.russianwomendiscussion.com/index.php?topic=14065.450 p114 상
https://www.defense.gouv.fr/actualites/articles/le-saviez-vous-la-mariniere p114 하
http://diletant.media/articles/25738395/ p115
https://commons.wikimedia.org/wiki/File:Anarkistimatruuseja.jpg p116 상
https://www.desertrat.se/cccp-sovjet-ryssland/ p116 중 좌우
http://71.mchs.gov.ru/pressroom/news/item/2613311/ p116 하 좌
https://66.ru/news/society/165554/ p116 하 우
http://government.ru/en/ p117 중
https://pikabu.ru/story/narukavnyie_znaki_vozdushnodesantnyikh_voysk_sssr_5707925 p118 상 좌우
https://sputniknews.com/russia/201508271026278823/ p118 하 좌우
https://smhttp-ssl-39255.nexcesscdn.net/wp-content/uploads/2013/07/Polo-Players-in-Jodhpurs.jpg p125 상
https://www.lapolicegear.com/5-11-tactical-womens-emt-ems-pant-64301.html p149 좌, 우
http://www.dsquared2.com/us/pants_cod36976189ha.html p151 하 좌
http://www.hawtcelebs.com/wp-content/uploads/2017/08/ p151 하 우
https://sites.google.com/a/lakewoodcityschools.org/hippie-fashion/why-hippies-wore-what p158
https://commons.wikimedia.org/wiki/File:A_valet_in_India.jpg p176
https://en.wikipedia.org/wiki/Khaki p179
https://en.wikipedia.org/wiki/Petasos#/media/File:Youth_leopard_skin_Staatliche_Antikensammlungen_2639.jpg p186 상
http://expresso.sapo.pt/ p190 하
http://nato.diplomatie.belgium.be/en p191 상
https://putthison.com/put-this-ons-flying-ace-scarf-a-few-years-ago-my/#jp-carousel-4659 p205 하
https://www.hurricane501.co.uk/501-squadron-pilots-complete-list/6857-2/ p206 상
http://cb1100f.b10.coreserver.jp/collection2_z_12.html p208
http://latribudeselfes.canalblog.com/archives/2015/05/10/32031932.html p246

* 이 책에 사용된 사진 자료의 출처는 위와 같습니다.
  저작권자가 확인되지 않은 사진에 대해서는 추후 저작권자가 확인되는 대로 정식 허가 절차를 진행하겠습니다.

전쟁 그리고 패션
샤넬을 입은 장군들

초판 1쇄 발행 _ 2019년 4월 1일
초판 2쇄 발행 _ 2021년 10월 25일

지은이 _ 남보람
펴낸이 _ 김지영
디자인 _ 캣치 크리에이티브 솔루션
인쇄 _ 금성C&P

펴낸곳 _ 와이즈플랜
등록번호 _ 제2015-000293호
등록일자 _ 2015년 9월 11일
주소 _ 서울시 마포구 양화로 64 서교제일빌딩 8층
전화 _ 02-338-8566
팩스 _ 02-6455-8567
이메일 _ ysplan8566@gmail.com

ISBN _ 979-11-956268-3-0

* 이 도서의 국립중앙도서관 출판예정도서목록(CIP)은 서지정보유통지원시스템 홈페이지(http://seoji.nl.go.kr)와 국가자료 종합목록시스템(http://www.nl.go.kr/kolisnet)에서 이용하실 수 있습니다. (CIP제어번호 : CIP2019011328)